U0935305

MINGJIAJINGDIAN◎HUSHIJIASHU

名家经典·胡适家书

胡适家书

胡　适◎著

图书在版编目（CIP）数据

胡适家书 / 胡适著. —北京：金城出版社，2013.5

ISBN 978-7-5155-0729-3

Ⅰ. ①胡…　Ⅱ. ①胡…　Ⅲ. ①胡适（1891～1962）－书信集　Ⅳ. ①K825.4

中国版本图书馆CIP数据核字（2013）第081046号

胡适家书

著　　者　胡　适
责任编辑　雷燕青
开　　本　787毫米×1092毫米　1/16
印　　张　15
字　　数　130千字
版　　次　2013年8月第1版　2013年8月第1次印刷
印　　刷　北京洛平龙业印刷有限责任公司
书　　号　ISBN 978-7-5155-0729-3
定　　价　29.80元

出版发行　**金城出版社**　北京市朝阳区和平街11区37号楼　邮编：100013
发 行 部　（010）84254364
编 辑 部　（010）48250838
总 编 室　（010）64228516
网　　址　http://www.jccb.com.cn
电子邮箱　jinchengchuban@163.com
法律顾问　陈鹰律师事务所（010）64970501

凡 例

1. 本书选自《胡适书信集》（上、中、下）三册，共收录了胡适的早期家书共206通（只收录家书），始于1907年，到抗战爆发前夕结束（1938年）。

2. 本书按年、月、日的顺序收录。共分三个部分：母亲篇、妻儿篇和亲属篇。

3. 本书所收书信均在信末注明其原始出处。

4. 英文书信暂不收入本书。

目　录

母亲篇

妻儿篇

一九一一年

一九一四年

一九一六年

一九一八年

母亲篇

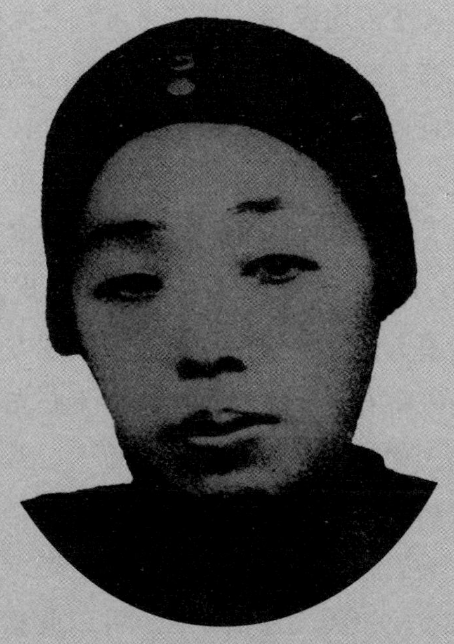

一九〇八年

致母亲

慈亲大人膝下：

谨禀者，今日接得大人训示及近仁叔手札，均为儿婚事致劳大人焦烦。此事男去岁在里时大人亦曾提及，彼时儿仅承认赶早一二年，并未承认于今年举行也。此事今年万不可行。一则男实系今年十二月毕业，大哥及诸人所云均误耳。此言男可誓之鬼神，大人纵不信儿言，乃不信二哥言耶？二则下半年万不能请假。盖本校定章若此学期有一月中请假一小时者，于毕业分数上扣去廿分；有二月中均有请假者扣四十分，余以次递加。大人素知儿不甘居人下，奈何欲儿以此儿女之私，抑儿使居人后乎！（一小时且不敢，何况二三礼拜乎？）三则吾家今年断无力及此。大人在家万不料男有此言，实则二哥所以迟迟不归者，正欲竭力经营，以图恢复旧业。现方办一大事，拮据已甚，此事若成，吾家将有中兴之望（此事亦不必先行禀知，以里中皆非善口，传之反贻人猜疑，贻人啧啧烦言也）。若大人今年先为男办此事，是又以一重担加之二哥之身也。且男完婚，二哥必归，而此间之事将成画饼矣。大人须念儿言句句可以对上帝，儿断不敢欺吾母。儿今年尤知二哥苦衷，望大人深信儿言，并以此意语二嫂知之。四则男此次辞婚并非故意忤逆，实则男断不敢不娶妻，以慰大人之期望。即儿将来得有机会可以出洋，亦断不敢背吾母私出外洋不来归娶。儿近方以伦理勖人，安敢忤逆如是，大人尽可放心也。儿书至此，儿欲哭矣，嗟夫吾母，儿此举正为吾家计，正为吾二哥计，亦正为吾一身计，不得不如此耳。若此事必行，则吾家四分五裂矣，大人不可不

知也。若大人因儿此举而伤心致疾或积忧成痗，则儿万死不足以蔽其辜矣。大人须知儿万不敢忘吾母也。五则大人所言惟恐江氏处不便，今儿自作一书申说此中情形，大人可请禹臣师或近仁叔读之，不识可能中肯，以弟（原文如此）思之，除此以外别无良法矣。大人务必请舅父再为男一行，期于必成，期于必达儿之目的而后已。六则合婚择日儿所最痛恶深绝者，前此在家曾屡屡为家人申说此义。为人父母者，固不能不依此办法，但儿既极恨此事，大人又何必因此极可杀、极可烹、鸡狗不如之愚人蠢虫瞎子之一言。而以极不愿意、极办不到之事，强迫大人所生所爱之儿子耶？以儿思之，此瞎畜生拣此日子，使儿忤逆吾所最亲敬之母亲，其大不利一；使儿费许多笔墨许多脑力宛转陈辞以费去多少光阴，其大不利二；使吾家家人不睦，其大不利三；使母亲伤心，其大不利四；使江氏白忙一场，其不利五；使舅父奔走往来，两面难为情，其不利六，有大不利者六，而犹曰今年大利，吾恨不得火其庐、牛马其人而后甘心也。儿言尽于此矣，大人务必体谅儿子之心，善为调停，万不可待至临时贻无穷之忧。男手颤欲哭，不能再书矣。戊申七月初四日不孝儿子嗣穈百拜谨禀。

男现在不时回店，有信不如由泾县转寄之速也。此用红圈皆极紧之言，用作标识耳。

尤有一事，男不敢不告于大人者，男自得此消息至今消瘦甚矣。昨日拍有一照他日寄归，大人当亦伤心，儿何憔悴至此耶！

前寄余川汪上宾兄（即宅坦三老表嫂之义女婿）带有二哥及儿之信已收到未？儿已将致江村之信写好，因大人既以八月毕业为辞，故男信中亦以此为辞，庶不使大人失信于江氏。儿思儿之岳氏既有意与吾家为姻眷，今得儿书，当念二姓他日尚须来往，女婿他日尚须登堂相见，断不肯使儿为难，以阻二姓之好。则大人所言一切为难情形皆儿一身当之。望大人垂念儿子一片为吾家为吾母之苦心，助儿一臂，请舅父亲自为儿一行。有儿此信，大人及舅父均有可措词之道，事无

不成之理。儿以昨日作两书，今日又作致江氏书，天气太热，作字太多，致背脊酸痛，今不能多作书矣。今并万言为一句曰："儿万不归也。"

儿子嗣穈饮泣书（7月31日）

——《胡适遗稿及秘藏书信》，第21册

一九〇九年

致母亲

慈亲大人膝下；

日前接读七月十二日手谕，欢喜无量。男与二哥在此均各平安，请勿远念。儿近已不欲他往，下半年仍在中国新公学，已于七月二十六日开课。儿每日授课四时，以外有暇，时时研习他国文字，以为出洋之预备。现所授之时间比上半年每日较少一时，便觉省力多矣（上半年每日五时）。

大人来谕言及债款家用等情，儿自当赶紧筹寄。儿在此所苦出息甚微，校中又万分拮据，以致今年未寄一钱。惟儿从不敢妄用一钱，致蹈浪费之弊，此则大人所能信儿者也。

来谕述舅父病状，令人骇异不已。所望抵家以后得泽舟及禹臣师诸君协力调治，药到回春，则此愿慰矣。惟人命至重，千万不可信愚人之言，妄服仙方或祈禳求愈，想大人必不以儿此言为过虑也。

来谕中附有与二哥一谕及聪儿一禀，均已交二哥看过。二哥昨夜（廿八日）往川沙料理店事，须数日始能回沪。前此二哥曾有痔疾，现已告痊，请大人及二嫂均可放心，毋庸焦虑也。

大人手谕中附有一信，乃一女子致其母者，署名宝孙。函中称呼人物皆儿所不解。以手谕有"儿妇于初八日来吾家"一语度之，似此函即儿妇手书。果尔，则此函字迹词意已略有可观，不可谓非大进步，此皆出吾母之赐也。儿甚愿其暇日能时时用功，稍稍练习，在吾家有诸侄可以问字，在岳家有其母可以问字，即此已足。现旌、绩两邑俱无完全女学，虽入学亦无大益，不如其已也。儿近年以来于世事

阅历上颇有进步，颇能知足。即如儿妇读书一事，至今思之颇悔。从前少年意气太盛，屡屡函请，反累妇姑、岳婿、母子之间多一层意见，岂非多事之过。实则儿如果欲儿妇读书识字，则他年闺房之中又未尝不可为执经问字之地，以伉俪而兼师友，又何尝不是一种乐趣，何必亟亟烦劳大人，乃令媒妁之人蹀躞奔走，为儿寄语。至今思之儿欲失笑，想大人闻儿此言，亦必哑然失笑也。

禹臣师嘱买教科书及永儿读书，皆已购就，一并附呈。闻二哥言聪儿近能勉强看小说，此大好事。惟小说中有一种淫书，切不可看。又有石印字太小之书，亦切不可看。聪儿眼目已有毛病，千万不可令以小说之故又受损伤，望大人及二嫂时时留意。此事关系甚大．不可轻易放过也。今日下课无事，执笔作此。舅父现在吾家，故不另禀问安，即乞大人致意问病，无任企切。谨此，叩请金安，伏乞

垂鉴

儿穈百拜

又，家中析产阄书，均已见过，惟姨太现在是否仍与大人合住，现在颇康健否？甚念！

七月廿九日（9月13日）

——《胡适遗稿及秘藏书信》，第21册

一九一〇年

致母亲

慈亲大人膝下：

敬禀者，本月曾托方庆寿兄带上胡开文借票一纸，并嘱其向开文取款带家，不知已收到若干。儿今年本在华童公学教授国文。后，二兄自京中来函，言此次六月京中举行留学美国之考试，被取者留在京中肄业馆预备半年或一年，即行送至美国留学。儿思此次机会甚好，不可错过。后又承许多友人极力相劝，甚且有人允为儿担任养家之费。儿前此所以不读书而为糊口之计者，实为养亲之故。而比年以来，穷年所得，无论儿不敢妄费一钱，终不能上供甘旨，下蓄妻孥，而日复一日年复一年岁不我与，儿亦鬑鬑老矣。既不能努力学问，又不能顾瞻身家，此真所谓“肚皮跌筋斗，两头皆落空”者是也。且吾家家声衰微极矣，振兴之责惟在儿辈，而现在时势，科举既停，上进之阶惟有出洋留学一途。且此次如果被取，则一切费用皆由国家出之。闻官费甚宽，每年可节省二三百金，则出洋一事于学问既有益，于家用又可无忧，岂非一举两得乎？儿既决此策，遂将华童之事辞去，一面将各种科学温习，以为入京之计。儿于四月中即已将此事始末作书禀告大人。

此书交弼臣姊丈带上，不意弼臣逗留上海不即归去，及儿知之已隔廿余日。事隔多日，遂将此信索回。今儿于廿二夜与二哥同趁“新铭轮”北上，舟中蜷伏斗室不能读书，因作此书奉禀。儿此举虽考取与否，成败尚不可知，然此策实最上之策，想大人亦必以为然也。儿此行如幸而被取则赶紧归至上海，搬取箱箧入京留馆肄业，年假无事

当可归来一行。如不能被取，则仍回上海觅一事糊口，一面竭力预备以为明年再举之计。年假中亦必回家一行，望大人放心可也。儿此行舟中风平浪静，又有二兄同行，尤可无虑。抵京之后二哥往东三省，儿则留京预备，考期定于六月中，惟尚无定期，当俟抵京后再行报告也。儿有一照片托弼臣姊丈（即樟林）带上，大人已见之否？弼臣此次来沪带病而归，所患病乃系极危险之症，家中万不能医治，此次以资斧乏绝不能在沪诊治。如抵里后尚未痊愈或更利害，望大人转述儿意，令其再筹款来上海或杭州就西医诊治，千万不可再延，以误终身也。儿抵京后一切情形及考试之事，均俟入京后再行禀告。谨此，叩请金安。

糜儿百拜　五月十四日（6月30日）

家中诸长老均此。

作于"新铭"舟中，时舟行黑水洋，水皆作黑色也。

——《胡适遗稿及秘藏书信》，第21册

致母亲

慈亲大人膝下：

儿此次与二哥北上，在舟中曾作一书托瑞生和转寄，不知已寄到否？儿于廿七日抵京，二哥于二十九日乘火车往奉天矣。儿抵京后始知肄业馆今年尚不能开办，今年所取各生考取后即送出洋。儿既已来京不能不考，如幸而被取，则八月内便须放洋。此次一别迟则五年，早亦三年，始可回国。儿拟如果能被取，则赶紧来家一行，大约七月初十以前可以抵家，惟不能久留，至多不过十日而已。如不能被取，

则仍回上海觅一事糊口，一面习德法文及各种高等科学，以为明年再举之计，如此则今夏不能归来，须俟十二月矣。现考试之期定于十五至廿三等日，至廿四日便可分晓。届时如果被取当以电报来家问照也。儿此次北上一切用费皆友人代筹，故今年家用分文未寄，如能被取则有每人五百两之改装费，家用可以无忧；若不能被取，则儿南归后即当赶紧设法筹寄，大人可以放心也。前托方庆寿兄带上开文借据及托其向开文取款寄家，不知有效否。儿无论取与不取，七月初即须南归，俟抵上海后再行禀告。匆匆奉禀，即叩

福安

糜儿百拜　六月初六日（7月12日）

今日忽念及家中大小团聚吃各种包子，此乐真令天涯游子想煞想煞。

有信可寄上海瑞生和。

——《胡适遗稿及秘藏书信》，第21册

一九一一年

致母亲

第四号　元旦

糜儿百拜，遥祝吾母大人新禧百福。儿今日有大考一次，考毕无事，因执笔追记入学以来之事，以告吾母。想吾母新春无事，家人团聚之时，得此书以为家人笑谈之资，当是一乐也。

（一）体育　外国大学有体育院，中有种种游戏，如杠子、木马、跳高、爬绳、云梯、赛跑、铁环、棍棒之类，皆为习体育之用。大学定章，每人每星期须入此院练习三次。儿初一无所能，颇以为耻。因竭力练习，三月以来，竟能赛跑十围，爬绳至顶，云梯过尽，铁环亦能上去，棍棒能操四磅重者，舞动如飞。现两臂气力增加，儿前此手腕细如小儿，今虽未加粗，然全是筋肉，不复前此之皮包骨头矣。此事于体力上大有关系，如能照常习练，必可大见功效。现儿身体重一百十磅（脱去衣履时称得之重），每磅约中国十二两，一年之后，必可至一百五十磅矣。

（二）交际　美国男女平权，无甚界限。此间大学学生五千人，中有七八百女子，皆与男子受同等之教育。惟美国极敬女子，男女非得友人介绍，不得与女子交言（此种界限较之中国男女之分别尤严，且尤有理）。此间有上等缙绅人家，待中国人极优，时邀吾辈赴其家坐谈。美俗每有客来，皆由主妇招待，主人不过陪侍相助而已。又时延女客与吾辈相见。美国女子较之男子尤为大方，对客侃侃而谈，令人生敬。此亦中西俗尚之不同者也。

（三）饮食　此间食宿分为二事，如儿居此室，主人不为具食，

须另觅餐馆。每日早餐有大麦饭（和牛乳）、烘面包（涂牛油）、玉蜀黍衣（和牛乳）之类。中晚两餐，始有肉食，大概是牛羊猪之类。至礼拜日，始有鸡肉。美国烹调之法，殊不佳，各种肉食，皆枯淡无味，中国人皆不喜食之。儿所喜食者，为一种面包，中夹鸡蛋，或鸡蛋火腿，既省事，又省钱，又合口味。有时有烤牛肉，亦极佳，惟不常有耳。儿所居之屋，房东是一老孀，其夫为南美洲人。南美洲地本产米，故土人皆吃饭，其烹肉烧饭之法，颇与中国相同。十一月中，主妇用一女厨子，亦是南美洲人，遂为同居之房客设食。同居者，有中国人七人，皆久不尝中国饭菜之味，今得日日吃饭食肉，其快意可想，儿亦极喜，以为从此不致食膻酪饮矣。不意主妇忽得大病，卧床数日，遂致死去。死后其所用之厨子亦去。如是此种中国风味之饮食，又不可得矣。此一事实，颇有趣味。吾母闻之，亦必为之大笑不已也。

右举三事，拉杂书之，即以奉禀。顺叩

金安

糜儿百拜　辛亥元旦（2月18日）

家中长幼均此。

——《胡适遗稿及秘藏书信》，第21册

致母亲

辛亥第十五号

吾母大人膝下：

前日发第十四号信已寄到否？今日至书肆买得世界学生会房屋之

图一纸，即儿新迁之屋也，因与大学风景之图二种一并寄上，儿在此甚平安，不日即开学上课矣。此禀即叩

金安

糜儿百拜　辛亥八月初一（9月22日）

——《胡适遗稿及秘藏书信》，第21册

一九一二年

致母亲

第五号上

吾母大人膝下：

前寄第四号书想已收到。兹寄上放大照相一张，以原片甚小，故不能再大，即此张虽甚大，然已不十分清楚矣。如吾母喜欢此片，乞下次来信告知，儿当加印寄上也。儿居此极平安，惟苦甚忙，大有日不暇给之势。此外则事事如意，颇不觉苦。且儿居此已久，对于此间儿有游子第二故乡之概，友朋亦日多。此间有上等人家常招儿至其家坐谈，有时即饭于其家，其家人以儿去家日久，故深相体恤，视儿如一家之人。中有一老人名白特生，夫妇二人都五十余岁，相待尤恳挚。前日儿以吾母影片示之，彼等甚喜，并嘱儿写家信时代问吾母安否。儿去家万里，得此亦少可慰吾离愁耳。

家中诸侄辈现作何种事业？儿以为诸侄年幼，其最要之事乃是本国文字，国文乃人生万不可少之物，若吾家子弟并此亦不知之，则真吾家之大耻矣。夜深作此奉禀，即祝

吾母康健百福

糜儿百拜　四月廿一日（5月19日）

——《胡适遗稿及秘藏书信》，第21册

致母亲

第十号上

母亲大人膝下：

儿于五月十五日往游卜可罗山小住十日，归时绕道水牛城往游来格拉飞瀑，次日即归校矣。右图及附寄各图皆飞瀑之图，此为天下第一大飞瀑，儿观之殊乐，竟眼界一宽矣。诸图可给诸侄及汝骏表弟等，道太远不能寄他物，但有图画，殊可笑也。二哥已南归，曾归家壹行否？久不得书，甚思念也。

适儿百拜

——《胡适遗稿及秘藏书信》，第21册

致母亲

第三号上

吾母大人膝下:

六月五日发第二号书，想已寄到。儿现大考已毕，已在暑假中矣。今年暑假拟稍事旅行，以增见闻。本月廿一日拟往游“北田”，约住十日可归。七月中当居此，有撰文之事，当勾当清楚。约八月中当可毕事，八月十几当往游维廉城，赴吾国学生大会，归途须至纽约一游。纽约者，世界第一大城也。儿居此邦已二年，尚未一至其地，

可谓憾事。自纽约归时，约在八月之末。九月中当闭户读书，为来年计。开学之期，约在九月月底矣。此邦年假仅有十日，而暑假乃至百余日之久。盖暑假中，一则天热不能读书；二则自六月至九月（约吾国旧历自四月中旬至八月初旬）为农忙之候，学生多有归助其父兄尽力农事者，故暑假之长十倍于年假焉。若吾国之年假，除拜年酬应之外，一无他事，而学生多因之废学，真无谓也。家中大小现都平安，家用一时尚不能寄，如需钱可暂时挪借，俟儿筹得款时再行寄归。

岳氏赠婢之惠，殊令人感激。儿当作书谢之，何如?

家中来书总以戒酒为言，儿居此二年，滴酒未尝入口，望大人放心也。

糜儿拜（6月）

——《胡适遗稿及秘藏书信》，第21册

致母亲

第四号上

吾母膝下：

作第三号书未发，而有北田之行，昨日抵北田。此地居美国之东北部，山水清秀，林木郁茂，甚可爱玩，可称避暑乐地。拟于此作十日之游，然后归去。

昨日来时，坐火车终日始达，计程三百余英里，约吾国千一百里。途中山皆秀丽无比，有清溪浅水，似吾国乡间，对之有故乡之思焉。车中思作一诗，但成二句如下：“出山活水磷磷浅，扑面群峰兀兀青。”

儿前屡次作书，欲令冬秀勉作一短书寄儿，实非出于好奇之思，不过欲藉此销我客怀，又可令冬秀知读书识字之要耳，并无他意。冬秀能作，则数行亦可，数字亦可，虽不能佳，亦复何妨。以今日新礼俗论之，冬秀作书寄我，亦不为越礼，何必避嫌也。

儿居此甚乐，有暇当寄此间风景图画数张来。匆匆，即祝

吾母康健

适儿拜　六月廿二日

——《胡适遗稿及秘藏书信》，第21册

致母亲

第九号上

吾母大人膝下：

在维廉市时曾作第八号书，想已收到。儿现已归来，开学之期，尚在月之下旬，故日来颇有暇晷，可以读书、写字、下棋、游山。大忙之后，忽得数日之闲，其乐可知也。因无所事，故将此间风景略记一二如下：

此城名绮色佳，倚山临湖，山下为市镇，有一万五千人，街市亦甚热闹，有电车、报馆之类。山上则为大学校舍，及附近人家。山下除店肆之外，一无可观。山上则风景幽逸雅秀，树目葱郁，与山下尘嚣之气相去远矣。

山高约四百尺，山腰有石筑牌楼，为校之大门。自此入，则道旁绿阴夹径，有小桥亦石筑，为入学必由之道。桥下水声澎湃者，则飞瀑在焉。飞泉迤逶自山中来，至此，乃冲石壁而下，遂成此瀑。过此

桥不数武，即见红屋一所，为体育之室。过此，道歧为二，循左手行为中街，道旁皆古槐参天。行数百步，有钟楼巍然矗立者，为大学藏书之楼，楼之前为法律学院。左为校长办事之室。更左则为地学院、博物院、算学院，毗连接壤。其前为一大草地，草绿无际，名之曰方原。方原之西北角有大屋二：一为化学院，一为电学院。方原之北为机械工程学院，方原之东为文艺学院（儿每日上课皆在此院）与建筑工科院及医学院。文艺院之背为物理学院及兽医学院。兽医学院之背即为更高之山，山上为农学院。此校舍之大概也。

在方原之东北角，有小径，循此行百步，可达一大桥，跨大壑而立。桥之右为一飞瀑，为此间最大之瀑泉，急湍下泻，澎湃涌溢，如闻千军万马之声。飞沫溅起，皆冉冉成云，遥望之，气象极壮观。

去山下约二里许，有小湖，名凯约嘉湖。湖面阔仅五里许，而长百余里，故又名曰指湖，以其长而狭如指也。湖上水波平静时，可荡舟，两岸青山如画，每当夏日，荡舟者无算，儿时亦往焉。

此间风景大略也，惜不能得全套之图寄归，亦是憾事。附呈图两张，以见一斑而已。

匆匆作此，即祝

合家平安，吾母康健。

适儿百拜　八月卅一日

——《胡适遗稿及秘藏书信》，第21册

一九一三年

致母亲

民国二年第一号上

吾母大人膝下：

得十二十三号信，敬悉一切。所云家用紧迫，儿岂不知。奈去年以来，官费每月减去二十元，故现在每月但有六十元之费。一时受此影响，紧迫可知。然无论如何，儿终当设法筹寄。如家中有处可以暂时挪移，不妨暂借以敷用，儿自当设法筹还也。

节公对儿情意之厚，真可感激，已作书向道谢矣。儿在此身体甚平安，一切都相安如意，乞吾母放心也。今年此间天气忽大暖，经冬仅有一二场大雪，雪后即销，天暖如春二三月，群以为异，以为百年以来所未有云。匆匆，即祝

吾母无恙。

适儿百拜　正月卅日

——《胡适遗稿及秘藏书信》，第21册

致母亲

第七号上

吾母：

今日偶捡上星期旧报，见有插画栏中所载今年春季“风尚”（“Fashion”），风尚者吾国所谓时式，上海人所谓时髦者是也。其所载妇女衣式或可供家中人消闲遣闷时之观览，故择优寄归，亦采风问俗之一端也。今日大忙不能作长书，故草此短简。即祝

吾母康健。

儿子适　三月廿六日

——《胡适遗稿及秘藏书信》，第21册

致母亲

第七号（不知此系第七号否）

吾母大人膝下；

得第五号书甚喜，又知上海之款已收到一月，甚望后此可源源而来，庶家中可无薪水之忧，而儿亦安心在外矣。儿之照片所以不常寄来者，因此间照片价昂，而儿友朋极多，每摄一影非得二三十张不敷分赠，故一时不能得耳。实则儿近来变易甚微，与前此所摄影相差正无几，故望吾母能恕儿不寄照片之罪也。儿今夏习夏课之外尚有

外事，又须卖文，故忙极，一时未能多作书寄家，此咎亦望吾母宽恕也。儿前收到全家照片时曾作一诗，诗虽不佳，然亦足写儿近来感情，故另录一份寄家，望请禹臣师或近仁叔读之，并乞为吾母讲解之何如？儿近除忙外，他无所苦。今年夏间天气尤凉爽，无灾燠之苦，殊幸事也。今年南北战事又起，海外闻之甚为惶惧，但望兵灾勿及吾乡耳，大哥二哥处都无信来，奈何此信抵家时，想蕙苹侄女已将出嫁，望吾母为我致意贺其为人妇，并祝其后日夫妇和顺，儿女满膝，待儿归来时又有人呼儿作叔公矣。大姊家已抱孙否？砚香甥娶亲至今已将八九年，想已有儿女矣。匆匆奉禀，即叩

吾母万福康健。

合家大小里中长中（幼）均此问安。

适儿百拜　七月卅日

出门一首得家中照片作

出门何所望，缓缓来邮车。
马驯解人意，踯躅息路隅。
邮人逐户走，歌啸心自如。
客子久凝伫，迎问书有无。
邮人授我书，厚与寻常殊。
开缄喜欲舞，全家在画图。
中图坐吾母，貌戚意不舒。
悠悠六年别，未老已微癯。
梦寐所系思，何以慰倚闾。
对兹一长叹，悔绝温郎裾。
图左立冬秀，朴素真吾妇。
轩车来何迟，累君相待久。

十载远行役，遂令此意负。

归来会有期，与君老畦亩。

筑室杨林桥，背山开户牖。

辟园可十丈，种菜亦种韭。

闭户注群经，誓为扫尘垢。

我当授君读，君为我具酒。

何须赵女瑟，勿用秦人缶。

此中有真趣，可以寿吾母。

——《胡适遗稿及秘藏书信》，第21册

致母亲

第八号上

吾母大人膝下：

前日发第七号信后，承友人以代摄之影片见赠。此片虽不甚佳，然笑容可掬，又甚自然，无拘束之态愁苦之容，故儿甚喜之。因以一片寄呈吾母。已嘱此友代印多张，俟印成时当再多寄几张来也。前月曾寄一影亦作笑容，吾母已收到否？儿现尚未有放大照片，然不久终当寄一份来家，望吾母放心也。

现所习夏课将毕，夏课完后儿即可毕业。儿以年来多习夏课，故能于三年内习完四年之课也。毕业之后拟再留三年，所得者为第一级学位（即学士之位）。西国大学学位共分三级，第一级为学士（四

年），第二级为硕士（一年），第三级为博士（二年）。故儿如再留三年可得博士之位矣。现江西有战事，幸不致波及吾乡否？远人闻乱，心日夕不能安也。此祝

吾母康健百福。

适儿　八月三日

——《胡适遗稿及秘藏书信》，第21册

致母亲

第十一号上

吾母大人膝下：

月来国中兵事少息，皖南各郡，未受兵灾否？闻浙江派兵来徽保护商民，想乱兵必不敢南来。远人焦思，赖此稍足自慰耳。儿现以事忙之故，久不为《大共和报》作文，不知彼尚陆续付钱否？如已停付，望大人勿忧，儿当另行筹款也。儿现已决计，再留此三年，俟民国五年夏间始可归来。计儿自丁未年归家，于今六年余矣。再加三年，则九年矣。日月之驰，真可谓迅速。然儿在此有山水之胜，友朋之乐，亦殊安之。儿谓除故乡外，此绮色佳城，即吾第二故乡矣。家中大小想都无恙。匆匆奉禀，即祝吾母康健百福

适儿百拜　十月廿二日

——《胡适遗稿及秘藏书信》，第21册

一九一四年

致母亲

第五号上

吾母大人膝下：

去冬此间大雪，雪深廿七英寸（约华尺二尺二寸），有人为儿摄一影，今寄呈吾母。此影虽不甚佳，然可见雪深之景也。今春已归来，日朗风和，雪消不可见，曾作小诗一首云：

春暖雪消水作渠，
万山积素一时无。
欲檄东风讨春罪，
夺我遥林粉本图。

诗成后数日，忽又大寒，雪亦大至，万山积雪．又复成图，因又作诗云：

无复污流涨小渠，
但看飞雪压新芜。
东风不负词人意，
还我遥林粉本图。

然春雪究竟不能久留，诗成未一日，而万山积素又都销尽矣。儿

久不作诗，此等诗但写一时所见，不足为诗也，然亦可见异邦雪意。

吾母可以此信示禹臣兄及近仁叔，以博二君一笑，何如？另附寄近仁叔书一封，乞转交去为盼。儿在此平安，但苦忙耳。此祝

吾母百福

适儿　四月十七日

——《胡适遗稿及秘藏书信》，第21册

致母亲

第六号上

吾母大人膝下；

前寄第五号书及放大之照片，想已收到。今又寄呈放大影片一帧，如大人欲多得数张，当即寄呈。儿之照片，因近来未得佳者，佳者价恒甚昂，故一时尚未能寄家。总之，　一二月内必摄一张寄来也。儿在此甚平安，秋间即可毕业。惟仍须留此一年，可得硕士学位，然后迁至他校（尚未定何校），再留二年，可得博士学位，归期当在丙辰之秋耳。

家用一事，已在沪设法，不知已寄有款至家否？甚念。收到有款，乞吾母即以书告知。此处每月有二十元（英洋），今年夏间，儿当多作文，或可多得钱，亦未可知耳。

此间方交春景，百卉都放，大可怡悦心神。惟对此佳景，益念吾故乡不已。古人云“虽信美而非吾土兮”，真得吾心云。

二哥在丹阳县作课长，月薪虽微，尚可勉强敷衍。惟二哥家累大（太）重，亦是不了之计耳。

儿近来百无所苦，但苦太忙，家书之不常寄，亦以此故也。匆匆即祝

吾母康健

适儿百拜　五月十一日

——《胡适遗稿及秘藏书信》，第21册

致母亲

第七号上

吾母大人膝下：

前日发第六号信想已收到。儿昨日得大学奖赏美金五十元，知吾母闻之必甚喜，故急作此书。此项奖赏名“卜朗吟奖赏”。卜朗吟为英国近代大诗人，大学中每年悬赏，凡学生作文论卜朗吟之诗文最佳者得之。儿所作之文约三千字，题为“论卜朗吟之乐观主义”，竟得此赏。儿以外国人得此赏，故校中群皆以为格外荣誉云。儿近来苦贫，得此意外之五十金，亦不无小补，因不独虚名之足喜也。草此奉禀，即祝

吾母万福

合家均此

适儿（5月12日）

——《胡适遗稿及秘藏书信》第21册

致母亲

第八号上

吾母大人膝下：

今晨得第三号信（三月廿日），知儿所发第二号信已收到，甚慰。儿前日得节公来书，知所寄之款，除为儿买茶叶寄美外，共得英洋一百八十三元三角，已如数寄家矣。此款并非由文字上得来，乃向友人处暂时挪移。此间友人相待甚优，儿许以每月还以十元，今儿得大学中津贴，明年可得三百元，此款甚易偿还也。夏间，儿或能以文字卖钱，惟不可必耳。上次儿曾以在此得奖赏事奉告。儿以外国人得奖，故此邦报纸争揭载此事，此亦一种无谓之虚名也。儿在此甚平安，明年决计不任外事，一意读书看书。此间五月始交春，今草木怒长，百卉都发，甚惹人乡思，然亦无可如何也。前嘱吾母作一书寄白特生先生之夫人，望勿忘之。夫人待儿如家人骨肉，得吾母书，必甚乐也。匆匆即祝

吾母万福

合家均此

适儿百拜　五月廿日

儿去家日久，故于家中人口之年岁生日都一概忘却，甚愿吾母将家中大小及外祖母舅母诸姊诸兄之年岁生日一一告知也。

——《胡适遗稿及秘藏书信》，第21册

致母亲

第九号上

吾母大人膝下：

前日友人为儿摄一“室中读书图”小影，颇佳，急寄呈吾母一观。另印数张，俟印成时，续寄来也。昨和友人诗一首，写此间景物，其词云：漫说山城小，春来不羡仙。壑深争作瀑，湖静好摇船，归梦难回首，劳人此息肩，绿阴容偃卧，平野草芊芊。

适儿　五月廿八日

——《胡适遗稿及秘藏书信》，第21册

致母亲

第十一号上

吾母大人膝下：

前寄第九、十两号书附影片数张，想都收到。今再寄上两张，一呈外祖母，一与大姊。如里中亲戚吾母以为尚有他人应赠此影者，儿当随后寄来。儿在此第四年已毕，今已入暑假，同学之有家者都已回家，惟无家之外国学生留此耳。心中百无聊赖，寂寞已极。前日与友人四五人同游影菲儿瀑泉山，步行十五英里（约华里五十里），极乐。归来有诗记之，今寄家乞转示近仁叔观之，儿居此平安，乞大人

勿念。

适儿　六月十八日

春深百卉发，羁人思故园。
良友知我怀，约我游名山。
清晨集伴侣，朝曦在林端。
并步出郊坰，炊烟上小村。
遥山凝新绿，眼底真无垠。
官道一时尽，觅径穷辛艰。
缘溪入深壑，岩耸不可扪。
道狭草木长（平声），新叶吐奇芬。
鸟歌破深寂，鼷鼠下窥人。
有时蹊径绝，惟见小潺湲。
转石堆作梁，将扶度浅滩。
危岩不容趾，藤根巨可攀。
径险境愈幽，仿佛非人间。
探奇及日午，惊涛忽怒喧。
寻声下前涧，飞瀑当我前。
举头帽欲堕，了不见其巅。
奔流十数折，折折成珠帘。
澎湃激崖石，飞沫作雾翻。
两旁峰入云，逶迤相回环。
譬彼绝代姿，左右围群鬟，
又如叶护花，掩映成奇观，
对此不能去，且复傍水餐。

渴来接流饮，冷洌清肺肝。

坐久忘积暑，更上穷水源，

山石巉可削，履穿欲到跟。

落松覆径滑，跬步不敢奔。

上有壁立崖，下有急流湍。

“一坠那得取”，杜陵无戏言。

（杜诗：百年不敢料，一坠那得取。）

攀援幸及顶，俯视卑群峦。

天风吹我襟，长啸百忧泯。

归途向山脊，稍稍近人烟。

小桥通急涧，石磴凿山根。

从容出林麓，绕道趋平便。

回首与山别，归来日未曛。

兹游不可忘，中有至理存。

佳境每深藏，不与浅人看。

勿惜儿两履，何畏山神悭。

要知寻山乐，不在花鸟妍。

冠盖看山者，皮相何足论。

作诗叙胜游，特此谢婵娟。

中华民国三年六月十一日

游影菲儿瀑泉山作

胡　适

——《胡适遗稿及秘藏书信》，第21册

致母亲

第十四号上

吾母：

今晨得不列号家书（当是五号），五月二日所发，读悉。家中大小平安，外祖母康健如恒，两表弟读书亦肯用心，闻之极喜。又知放足一事，吾母已令冬秀实行，此极好事，儿从今可以放心矣。前寄第十三号信附毕业照相想已收到。儿前存瑞生和之书箱不知已寄回家否，抑尚存上海？如已寄回家，可托人开看。中有儿圈点之《楚辞集注》一部（四本），《墨子》一部（四本），乞代捡出交邮局带来。寄时可用油纸包好，勿封口，但用绳扎好可也（封口即寄费昂）。邮费若干，可问濠寨分局便知，不必挂号也。儿今年夏间大概仍居此地，以旅行太贵也。亦不习夏课，儿前三年每年课夏课颇以为苦，故今年不复读，庶可少休也。匆匆，即祝

吾母康健。

适儿　六月廿九日

——《胡适遗稿及秘藏书信》，第21册

致母亲

第十七号上

今晨得第七号家信，甚喜。书中所问各节今一一答复如下：

所得卜朗吟之奖赏金每年只有一次，每次仅有一人。

所得荣誉津贴乃由校中教长视平时工夫，而之与（原文如此）卜朗吟奖赏不同也。

冬秀处上次已有书寄去（第十五号中），岳母处容稍缓有暇时补作。

所言汇款由芜转旌一层，儿意以为不如上海转里中之便。盖儿寄款皆是美金，须在上海兑换银洋。儿所用是美国邮局汇票，上海有美邮政分局，他处无之。且节公处曾经理此种款项已有数次，已成熟手，何必改换乎？且由上海寄，只须一转；由芜转旌再转里中是三转也，岂非更费事乎？铭彝表兄好心，甚可感。乞吾母以此意告之。

翰香叔闻前曾抱微恙，不知现已痊愈否？二哥现在何处，二年不通信矣。

大哥现想尚在汉口，惟不知其通信地址，乞吾母下次来信告知。

昨夜此间“世界学生会”开会欢迎夏校学生，儿为此夜主要演说者。儿所演题为《大同主义》，颇不劣，到者四百余人。

今日下午往此间“妇人戒酒会”演说，题为《侨民与美国》。“妇人戒酒会”者，妇人本不饮酒，此会以提倡禁绝酒业，禁沽禁酿为宗旨，其风可敬也。

儿在此演说颇有名，故不时有人招请演说。演说愈多，工夫愈有长进，儿故乐此不疲也。此夏假期中演说仅此两次，当不再有他约

矣。

儿在此平安，数日前天气颇热。今则雨后渐凉，早晚尤觉凉爽，甚以为适也。

家中大小想都平安。

适儿　七月二十三日

——《胡适遗稿及秘藏书信》，第21册

致母亲

第十八号上

吾母：

儿前日往游活镂谷，其地距此六十余里，山水之奇为目中所仅见。儿适购有图画数幅，附寄数张以代游记。实则儿笔劣，即欲作记，亦不能佳也，故不如图画之不失其真也。

适儿　七月廿七日

以上各书均系图画中录出。

——《胡适遗稿及秘藏书信》，第21册

致母亲

第十九号上

吾母：

前于上月廿七日发第十八号书（此书但有山水图片数张无他言语）想已收到。儿现有小事，故十余日未作书矣，前书中曾乞吾母将儿书箱中之《楚辞集注》及《墨子》两书寄出，今此二书已由上海办到，可无庸寄矣。儿现所若（原文如此）知者数事，望吾母下次写信告知其事如下：

一、吾邑自共和成立后，邑人皆已剪去辫发否？有改易服制者否？

二、吾乡现有学堂几所，学堂中如何教法？

三、乡中有几人在外读书（如在上海、汉口之类）？

四、目下共有几项税捐？

五、邑中政治有变动否？（近仁、禹臣或能告我）县知事由何人拣派，几年一任，有新设之官否，有新裁撤之官否，县中有小学几处？

现欧洲有大战事，世界强国惟美国、日本、意大利及南美诸国未陷入此战火中，今交战之国如下：

德国、奥国（又名奥）为一组
英、法、俄、比、塞维亚为一组 } 两组交敌

此诸国除比及塞之外，皆世界第一等强国。今之战役亦不知何时可以了结，尤不知须死几百万生灵，损失几千万万金钱，真可浩叹。

以大势观之，奥、德或致败衄，然亦未可知也。英、德在中国皆

有土地财产（英之香港、威海卫，德之青岛、胶州湾），战祸或竟波及东亚亦意中事也。

此邦战严守中立，又去战地远，故毫无危虞，望吾母放心也。

酷暑已去大半，早晚凉风送爽，居此甚可乐。有时夜出玩月散步，颇念少时在吾家门外坦场夜生石磴上乘凉，仰看天河数流星，此种乐趣都如梦寐。曩时童稚之交，如近仁叔，如细花兄，如秫兄，今想皆儿女盈前作人父矣。凤娇姐、蕙苹侄女今想皆已出嫁，人事卒卒，真可省味。

适儿　八月九日

——《胡适遗稿及秘藏书信》，第21册

致母亲

第廿二号上

吾母：

儿作第廿号书后，即离去绮色佳，初三日至安谋司，赴“东美中国学生年会”，到会者凡一百十七人，中有女子二十余人。今年女学生赴会者人数之多，为历年所未有云，在会遇故人相识甚多，顷谈极欢。

初三日，“选举职员会”，儿被举为明年《留美学生月报》（英文）主笔之一，辞之不获，只可听之。初四日在会，为会之末日。

初五日，会毕，与同学数人同游波士顿，道经唐山，有楼可望见数十里外村市，风景绝佳。初五夜抵波士顿，居一人家。

初六日，为星期，往游波城公家藏书楼，中藏书一百余万册。

下午往游美术院，中藏古今东西雕刻之像、石器、铜器、金石、古玩、名画无数。中有中国古画数十幅，皆极佳。有“宋徽宗缫丝图”真迹，为稀世之宝云。

初七日，以车往游立克信敦，此地多历史古迹。初北美洲本英国属地，百三十余年前，英王乔治第三重税此地，居人人心大愤，久之遂至决裂，故有独立之战。此战事凡历数年之久始定。美国遂脱英之羁绊，而成独立之国。此战之第一战，即在此地，是为立克信敦之战。今其地犹多铭功之碑，战死者之铜像云。

过此十里许，至康可，亦当日战场，古迹尤多。此地不独以历史古迹著也，美洲最有名之文人，如爱麦生，如霍桑，如阿尔恪夫人诸大文豪，生时皆居此，死即葬于是。儿等往游，徘徊凭吊于其墓上，思历史之遗烈，念文人之逸事，感慨之情，何能自已。

初八日，游哈佛大学校舍。哈佛大学开创于二百年前，至于今日，为此邦第一有名大学。校舍凡六十余所，皆高屋大厦，其最著者，为大学博物院。院中有玻璃花数百种，其花为德国植物学家伯纳楷所造，以玻璃为之，其花卉彩色须瓣枝叶，一一如生，为天下驰名之奇观云。世界能造此花者，仅有此君父子二人而已。

下午遇友人，请同往，坐汽车周行公园中，甚快。归来无事，因作此书。

儿拟稍留一二日，即当归去。

余当续寄。

适儿　初八日（9月8日）

——《胡适遗稿及秘藏书信》，第21册

致母亲

第廿三号上

吾母：

前日发廿二号信，写波士顿游记，至初八日止。今续记如下：

初九日，上午访友稍谈。

下午往游邦克山，亦美国独立时血战之所。其地今建一塔表之。其塔与中国之层塔异。此塔但有一层，高二百二十一尺，有螺旋形之石级，直至塔巅，凡二百九十四级。上塔时颇费力也。

登塔顶可望见波士顿全市，又可见波士领海湾，及造船之坞。塔上所见，盖前后左右各数十里云。

次游造船坞，此坞由美国海军部管理。坞长三里许，占地九十亩，有大小屋舍二百所。所造船只，以兵舰、巡洋舰为多。儿等登两舰游览。一舰为一百十七年前所造，其时尚未用蒸汽，但用大帆，船身虽大，然较之今日之战舰远矣。一舰为今日之巡洋舰，可容千余人。船身皆以铁裹之。外国海行之船，无论商船、兵船，皆极大，其大过于吾村之祠堂也。

是夜在一中国饭店吃饭。饭后往访皖人李氏昆季及殷君，倾谈甚欢。

初十日上午稍作书阅报。

下午以船出波士顿港。四年不见海矣，今复在海上，如见故人。至巴点上岸，以电车行至里维尔海滨。此地为游人聚游之所。夏日天热时，海滨多浴者。今日天寒，但见一二人游泳水上耳。时值下午潮来，澎湃涌上。日光自云隙射下，照海上远岛。海鸥数数掠水而过，

风景极佳。天将暮，以电车归。

十一日，本拟往更北之朴兰一游。以天气骤寒，不果。

更往游藏书楼。

下午往访此间诸友。

夜十一时十五分趁睡车归。睡车者，火车之夜中行长途者，其壁上及座下，皆暗藏床褥。日间但见座，夜则去座。下榻有厚褥、净被、高枕、深帐，车行虽震动，而因褥厚，不觉其苦，故能安睡不惊也。

昨睡甚酣，今日八时半始起。约今午可回绮色佳矣。

波士顿记止此。

波士顿为美国第三大城，有居民六十余万人，街五千余，船坞二百所，教堂三百五十所，报纸（日报、月报、周报之类）三百种。

此书乃火车中所作。

即祝

吾母康健

适儿12日晨

《胡适遗稿及秘藏书信》，第21册

一九一五年

致母亲

第三号上

吾母：

前日得十一月十八日家书（不列号），具悉一切。儿前仅寄美金四十元，一、二月内当续寄款归家。

白特生夫人及维廉姑娘处，儿当代达母意致谢。

白特生夫人于儿子生日（十一月一十七日）特设馔招儿餐于其家，为儿作生日。儿客中得此，感激之私，伺可言喻！吾母下次作书时，乞附及之。

此间又有韦莲司夫人者，其夫为大学地文学教师，年老告休。夫人待儿甚厚，儿时时往餐其家，亦不知几十次矣。去冬曾嘱儿附笔道候，想已收到。母下次作书时能附一短书与之，想韦夫人必甚喜也。

韦夫人之次女（即吾前廿五号所记之韦莲司女士也）为儿好友。女士在纽约习美术。儿今年自波士顿归，绕道纽约往访之，本月以事往纽约又往访之。儿在此邦所认识之女友以此君为相得最深。女士思想深沉，心地慈祥，见识高尚，儿得其教益不少。儿间与谈及吾母为人，女士每赞叹不已，嘱儿问母安好。吾母如有暇，亦望以一书予之。

吾母书中道及以吾乡产物作赠品，贡墨则西人无所用之，蜜枣及黄柏山茶皆好。吾国产物西方人得之每宝贵之，况吾乡土产乎！望吾母将此二种各寄些来，最好是用小瓶或小匣装好寄来。附上封面数纸可用以寄邮也〔赠品不在多，乞母寄黄柏山茶或六瓶或四瓶（每瓶半

斤足矣）及蜜枣四盒，以便分赠也〕。前次信中所附之冬秀小影，得之甚喜。如下次有照像者至吾乡，望吾母再摄一影寄来（有半身大影更佳）。儿久不得见吾母颜色，能得照像亦慰情聊胜于无之计也。

书中又道及立大嫂康健如恒，闻之甚喜。乞母代儿致意问安为盼。并望代贺凤娇姐合婚大喜。

家中亲长年庚生日已收到，得之甚喜。今年仅得家书念甚念。儿在此平安，乞吾母勿念。匆匆，即祝

吾母康健百福

合家清吉

适儿　二月十八日

——《胡适遗稿及秘藏书信》，第21册

致母亲

第五号上

吾母：

雪消已尽，人皆以为春已归来，不意昨夜今朝又复大雪。惟春雪不能久留，又不能积厚。但道途泥泞，可厌耳。昨日为星期，有奉市“监理会”教堂请儿演说。儿所说“耶教人在中国之机会”，听者颇众。此间教堂甚多，皆豁达大度。儿乃教外人，亦得在其讲坛上演说，可见其大度之一斑也。儿在大学中，颇以演说著名，三年来约演说七十余次，有时竟须旅行数百里外，以应演说之招。儿所以乐为之者，亦自有故：一、以此邦人士多不深晓吾国国情民风，不可不有人详告之。盖恒人心目中之中国，但以为举国皆苦力洗衣工，不知何者为中国之真文明也。吾有此机会，可以消除此种恶感，岂可坐失之乎？二、则演说愈多，则愈有进境。吾今日之英语，大半皆自演说中得进益。吾之乐此不疲，此亦其一因也。人言美国人皆善演说，此虚言也。儿居此五年，阅人多矣。所见真能演说者，可屈指数也。大学中学生五千人，能演说者，不过一二十人，其具思想能感动人者，吾未之见也。传闻失实，多类此。

中日交涉消息颇恶。儿前此颇持乐观主义，以为大限伯非糊涂人，岂不明中日唇齿之关系？不图日人贪得之念，遂深入膏肓如此。今日吾国必不能战，无拳无勇，安可言战？今之高谈战战战者，皆妄人也。美人爱人道主义，惟彼决不至为他国兴仗义之师耳。

儿远去祖国，坐对此风云，爱莫能助，只得以镇静处之。间作一二篇文字，以笔舌报国于万一耳。

儿居此平安，朋友相待甚殷，望吾母勿念。匆匆，即祝

吾母康健百福。

诸亲长均此。

白特生夫人及维廉姑娘处，均已代吾母致意，彼等甚盼吾母书来也。四月初当寄美金二三十元来。

适儿　三月廿二日

《胡适遗稿及秘藏书信》，第21册

致母亲

第八号上

吾母：

昨日得十八号书附冬秀一书，读之甚喜。冬秀此书是否渠所自作，抑系他人所拟稿而冬秀所誊写者乎？甚愿吾母下次写信时告知为盼。

岳氏病甚，闻之心为恻然，焦急而不能为助，奈何！发此信后即寄美金十元由上海转。此后每月寄十元，至少五元，想可应用矣。

二哥有书来，言吾母近有喘病未痊，不知此恙已除否？闻之甚念。望吾母下次写信时详细告知病状，以免儿疑虑。

儿处此身体平安，望吾母勿念。

连日天热异常，现虽尚在阳历四月底，而昨日乃热至九十度，居人云，盖三十年所未见云。

附寄一书致冬秀，乞代寄去。匆匆，即祝

吾母康健。

儿适拜　四月廿八日

近仁叔处久未有书寄去，不久当有长函至，乞预告之。

——《胡适遗稿及秘藏书信》，第21册

致母亲

第九号上

吾母：

十二日得吾母第三号书，附致维廉思姑娘书，及致韦莲司夫人母女二短简，均已分译送去。吾母书中道及白特生夫人为儿作生日一事，并于致维姑娘书中附笔道谢。不意吾母书到之第三日，白特生夫人忽得急病，卧床一时许而暴卒，死时享年五十九岁。夫人待儿真如家人骨肉，天涯羁旅中得此厚爱，真非易事。今夫人遽尔仙逝，报德之私遂成虚愿。儿往唁其家，凭尸一叹，哀从中来。如此书抵家之日，吾母前所备送白夫人礼物尚未寄出，乞且将此诸物竟寄来，当交其夫收。昔吴季子挂剑墓上，以践宿诺。今白夫人虽死，儿与吾母皆心许此赠品矣。

家用已寄十金（五月），六月初当再寄十金，此后当月月寄上。

岳母处已有信附前第八号寄上，想已代送去。不知其病状已有起色否?

二哥来书，言吾母有喘疾未痊，不知近已痊愈否，望早日延医诊视为要。下次家书中望详细告知病状为要。

儿于第三号书中所言冬秀之教育各节，乃儿一时感触而发之言，并无责备冬秀之意，尤不敢归咎吾母。儿对于此事从无一毫怨望之心。盖儿深知吾母对于儿之婚事，实已尽心竭力，为儿谋一美满家

庭。儿如有一毫怨望之心，则真成不明时势，不通人情，不识好歹之妄人矣。

今之少年，往往提倡自由结婚之说，有时竟破坏已订之婚姻，致家庭之中龃龉不睦，有时其影响所及，害及数家，此儿所大不取。自由结婚，固有好处，亦有坏处，正如吾国婚制由父母媒妁而定，亦有好处，有坏处也。

女子能读书识字，固是好事。即不能，亦未必即是大缺陷。书中之学问，纸上之学问，不过人品百行之一，吾见有能读书作文而不能为令妻贤母者多矣。吾安敢妄为责备求全之念乎？

伉俪而兼师友，固是人生莫大之幸福。然夫妇之间，真能智识平等者，虽在此邦，亦不多得，况在绝无女子教育之吾国乎？若儿悬“智识平等学问平等”八字，以为求耦之准则，则儿终身鳏居无疑矣。

（5月19日）

——《胡适遗稿及秘藏书信》，第21册

致母亲

第十一号上

吾母：

一月以来因学年休假在即，课极繁忙，竟无暇作书，至今日始得暇操笔，望吾母恕儿疏懒之咎也。儿近思离去绮色佳，来年改入哥伦比亚大学。此学在纽约城中，学生九千人，为此邦最大之大学。儿所以欲迁居者，盖有故焉。

一、儿居此已五年，此地乃是小城，居民仅万六千人，所见闻皆

村市小景。今儿尚有一年之留，宜改适大城，以观是邦大城市之生活状态，盖亦觇国采风者，所当有事也。

二、儿居此校已久，宜他去，庶可得新见闻，此间教师虽佳，然能得新教师，得其同异之点，得失之处皆不可少。德国学生半年易一校，今儿五年始迁一校，不为过也。

三、儿所拟博士论文之题需用书籍甚多，此间地小书籍不敷用。纽约为世界大城，书籍便利无比，此实一大原因也。

四、儿居此已久，友朋甚多，往来交际颇费时日。今去大城，则茫茫人海之中可容儿藏身之地矣。

五、儿在此所习学科，虽易校亦都有用，不致废时。

六、在一校得两学位，不如在两校各得一学位更佳也。

七、哥伦比亚大学哲学教师杜威先生，乃此邦哲学泰斗，故儿欲往游其门下也。

儿居此五年，不但承此间人士厚爱，即一溪一壑都有深情，一旦去此岂不怀思？然此实为一生学业起见，不得不出此耳。

去此之时大约在九月中旬以后，家书可仍寄旧地，有友人可代转也。

儿身体平安，乞吾母勿念。匆匆奉禀，即祝吾母康健。

适儿　七月十一日（7月11日）

——《胡适遗稿及秘藏书信》，第21册

致母亲

第十一号上

吾母：

七月廿七日寄第十号信，想已收到。十几日来，天气极热，为几年内所不曾有，幸儿所居地颇高，又有河上吹来的凉风，故尚还可以不为热气所苦，望勿念也。

昨日大雨半日，热气顿销。今夜坐房中，开窗读书，乃觉凉风吹入，渐有冷意，秋将至矣。此时静夜独坐，远念家中不知作何景象，亦不知家中人此时作何事，想当在烧午饭耳。

去年七月中曾作一词，名之曰“今别离”，不知儿曾写寄家中否？此乃羁人之辞，不可不令家中人知之，其词曰：

水调歌头　今别离

（序）一夜独行月光中，念黄公度“今别离”中，“汝魂将何之”一章，以梦写东西两半球昼夜之差。因念此意亦可以月色写之，遂以英文作一诗，后复自译成此词云。

“但愿人长久，千里共婵娟”（东坡句）。我歌坡老佳句。回首几年前，照我春申古渡，照汝云山深处，同此月团栾。皎色映征袖，轻露湿云鬟。今已矣，空对此，月新圆，清光脉脉如许，谁与我同看。遥念今宵此际，伴汝啼莺声里，骄日欲中天。帘外繁花影，村上午炊烟。

此词甚愿得近仁叔为家中人讲解之，并欲近仁告我此诗如何。冬

秀现尚在吾家否？家中人想都平安。

适儿　八月九日

——《胡适遗稿及秘藏书信》，第21册

致母亲

第十五号上

吾母：

顷得第七号家书，惊悉七叔父已于七月廿日长逝。先人一辈至今遂无一人，诚如吾母所言，良可惋叹。

此次家书谆谆以归期为念。此事已于前号（第十三号即第十二号）书中言之，可以复按也。

儿亦不自知何时可以得归。总之，儿之所以不归者，第一只为学业起见，其次即为学位。学业已成，学位已得，方可归来。儿决不为儿女婚姻之私，而误我学问之大，亦不为此邦友朋之乐，起居之适，而忘祖国与故乡。此二语可告吾母，亦可以告冬秀，亦可以告江氏岳母。儿远在三万里外，亦无法证此言之无虚。吾母之信儿，儿所深知。若他人不信儿言，儿亦无可如何，只好听其自然而已。至于外间谣传，儿已另行娶妻一说，此种无稽之谈，本不足辩。既有人信之，自不容不斥其妄。

一、儿若别娶何必瞒人？何不早日告知岳氏，令其另为其女择婿？何必瞒人以贻误冬秀之终身乎？

二、儿若有别娶之心，宜早令江氏退婚。今江氏之婚，久为儿所承认。儿若别娶，于法律上为罪人，于社会上为败类。儿将来之事业

名誉，岂不扫地以尽乎？此虽下愚所不为，而谓儿为之乎？

三、儿久已认江氏之婚约为不可毁，为不必毁，为不当毁。儿久已自认为已聘未婚之人。儿久已认冬秀为儿未婚之妻。故儿在此邦与女子交际往来，无论其为华人、美人，皆先令彼等知儿为已聘未婚之男子。儿既不存择偶之心，人亦不疑我有觊觎之意，故有时竟以所交女友姓名事实告知吾母。正以此心无愧无怍，故能坦白如此耳。

四、儿主张一夫一妻之制，谓为文明通制。生平最恶多妻之制，（娶妾或两头人之类），今岂容躬自蹈之？

五、试问此种风说从何处得来？里中既无人知儿近状，又除儿家书之外，无他处可靠之消息，此种谣传若有人寻根追觅，便知为市虎之讹言。一犬吠影，百犬吠影（原文如此），何足为轻重耶？

以上所云，望吾母转达岳氏以释其疑（或即以此函送去亦可）。母意若令儿作书（儿现实无暇作客气语）寄岳氏“表明心迹，确叙归期”，表明心迹则可，确叙归期则不可。以儿本不自知何时为确定之归期也。大约早则明年之秋，至迟亦不出后年之春，此则可以预告耳。

岳氏向平之愿未了，兼之以疾病，甚为此事焦急，儿岂不知，岂不能为之原谅？但儿终不能以儿女婚姻之细，而误我学问事业之大。亦决不能以此邦友朋之乐，起居之适，而忘吾祖国故里也。

适儿　十月三日

——《胡适遗稿及秘藏书信》，第21册

一九一六年

致母亲

十八号上

吾母：

二月十九号得第十一号家书，惊悉大姊大哥及江氏岳母之死耗。半月以来日日欲作家书，而每一执笔辄不知从何说起。十年去家，遂与骨肉生死永诀，如此如此。今吾家兄弟姊妹仅存二姊二兄及儿三人而已。大姊之死犹［尤］为儿所深痛。犹忆幼时，母尝言“大菊乃非男子，真我家最大不幸之事”，使大姊与大哥易地而处，吾家宁有今日之现状乎？大姊一生好高，而生平所处境地处处限阻之。遂令抑抑以殁，可叹可哀。倘令大姊生于西方女子自由之国，其所成就宁可限也哉！

大哥一生不长进，及老而贫始稍稍敛迹，然已来不及矣。大哥近年来处境大苦，生未必较死乐也。惟身后萧条，闻之伤心。其身后妻子之累，尤不易存养，所望明儿立志成人，庶可养以育弟，为其父稍赎前愆耳。

齐儿之病，儿细思之，乃是其父之遗毒。此种遗毒乃是一种遗传病，非如世俗所谓因果报应也。西方之言曰“父之罪愆乃种于其子女之身”，此之谓也。此儿终身当成残废懵懂，无可药救也。

家中自经此番不幸之事，想吾母自必悲伤不已。所望吾母达观，一切以保身体，以慰游子之心。幸甚幸甚，切盼切盼。

儿自得此书数夜不能合眼，今颇能自排解，已能读书如故矣，望吾母勿以为念。

岳氏之死，闻之惨然。此老向平之愿未了，抱憾以殁，儿不得辞其咎也。江宅并未有信来，祭文之事甚欲为之。奈无可措辞，如何如何！若但作应酬俗套之语，则又耻为之。儿于岳氏仅甲辰春间遇于中屯外婆家，此外别无往来，欲为文祭之，每苦无话可说（去年曹怀之世兄万里书来，为其母七十寿辰征诗，却之不可，仅成一诗与之，亦以无话可说故也）。

此事儿当努力为之，俟成时寄家，如届时不成则辍之可也。盖作祭文不从心坎中说话，不如不作也。

一二日内当作书慰唁江宅及章宅。岳氏葬后，冬秀似可久居吾家，不必归去矣。彼姑嫂之间颇能相安否？

前得节公来书，言已于年内寄五十金至吾家，并允于今春寄五十金，想皆已到。节公厚意可感也。儿迩来甚思归，此后当力图早归之计。惟此时国中纷乱如麻，归亦何用，当待少承平时再定行止耳。昨日得南京友人来书，言南京高等师范学校校长江易园先生欲招儿往该校教授，儿已以不能即归辞之。大约儿归国旨当可觅一啖饭养家之处耳。去年四川高等师范学校欲得一英文教习，寄书此邦某君，言欲得“中西文兼长如胡适者”，某君举以相告，儿为大笑。

第十一号书中又言“曹尚友君自京都来，说及尔时汇寄洋银与尔二兄”，此言全属子虚。吾国人最喜造谣言，此其一证也。二兄从未乞儿之助，儿亦未寄分文与之，望吾母勿信旁人之言也。二哥年来仅有一书与儿，盖彼年来景况不佳，百不得意，故不乐多作书。其所以不寄书与吾母者，想亦因此之故，非有怠慢之心也。

外婆之病想已占勿药之庆，儿别有书问之。

儿此刻无小影可寄家，俟有印成之时，即当寄来也。

前寄之茶叶蜜枣收到之后，除已分送友人外，余留自用。蜜枣早已吃完，因此间中国朋友皆喜吃之，故早完也。茶叶尚存许多，可敷一年之用。儿室中有小炉子，有时想喝茶则用酒精灯烧水烹茶饮之，

有时有朋友相访，则与同享之。

惟所寄丝巾至今未到，想因附在大包内途中遗失耳。匆匆。

即祝

吾母百福

适儿　三月十五日

——《胡适遗稿及秘藏书信》，第21册

致母亲

民国五年第四号上

吾母：

四月初曾寄二三两号，三号中附寄江宅书，想皆收到矣。儿之博士论文，略有端绪。今年暑假中，当不他去，拟以全夏之力做完论文草稿，徐图修改之、润色之。今秋开学后，即以全力预备考试，倘能如一上学期（九月底至正月底为上学期）之中完事，则春间归国亦未可知。然事难预料，不能确定何时归也。

夏间住址殊未能决定，然寄书用现在之地址，亦不致有失误。

上海有友人办一报，欲适为寄稿，适已允之，尚未与言定每月付笔资若干。如有所得，即令由瑞生和转寄来家为家用。该处系友人主持，虽力不能多酬笔资，然亦不致令我白做文字也。俟后有定局，再写信通知吾母及瑞生和号。

今年入春以来，儿身体尚好，望吾母勿念。

匆匆偷闲草此，以报平安而已。

即祝

吾母百福

适儿　五月一日

——《胡适遗稿及秘藏书信》，第21册

致母亲

第六号上

吾母：

前得第二号家书，附明侄一信及邮片两张，均已收到。其邮片两张，一自纽约寄，一自南美洲寄，故邮票不同也。其寄来之书一册，必系不甚要紧之物，可不必转寄。

此次儿信中附上致仙舫姊丈一书，及明侄一书，均望寄左。

今年未曾照有好影片，故不能寄家，俟有好的当只［再］寄来。冬秀能来我家否，其姑嫂之间颇能相安否？儿久客不归，冬秀能不怨我否？儿拟今夏赶完博士论文初稿，故夏间仍居纽约，不他去也。即他去亦不过旅行几日即归，不久居也。今身体平安，望吾母勿念。

适儿　六月九日

——《胡适遗稿及秘藏书信》，第21册

致母亲

第七号上

吾母：

今晨儿往绮色佳一游。一以重游五年旧居之地；二以看视老友；三以访问旧日教员；四以观今年毕业式（儿在上海所教之学生有二人今年毕业于康南耳大学，故甚欲与观其毕业日之典礼也）；五以暂为数日之休息。作此书时儿已在火车站待火车之开。

匆匆，即报平安。

适儿　六月十六日

附小影一张，如爱之可示知。

——《胡适遗稿及秘藏书信》，第21册

致母亲

第八号上

吾母：

儿于十六晨火车站上有书寄家，想已寄到。是夜车抵绮色佳（去纽约共三百英里，约华里一千里），即得韦莲司夫人电话，嘱往寓其家，其情意殷勤，却之不可，遂居其家。是夜大雨，未能出门。次日往访白特生先生之家，晚餐焉。维廉姑娘颇多病，濒行时嘱致意吾

母，其意可感也。是日在大学中，见旧时教师及朋友甚多，亦一大快事。昨日又往各处访友，都极欢。儿居此约一星期即须离去，往赴“国际关系研究学会”于克里乌兰城，去此约千余里，约于七月二日归纽约，从此不再出门矣。

匆匆寄此即报平安。

韦莲司夫人及其女韦莲司女士寄声问吾母安好。

适儿　六月十九晨

附影片一张与冬秀。

附信封一个（过新历八月即勿用）。

再者，前寄之毛峰茶，儿饮而最喜之，至今饮他种茶，终不如此种之善。即常来往儿处之中国朋友，亦最喜此种茶，儿意［欲］烦吾母今年再寄三四斤来。

——《胡适遗稿及秘藏书信》，第21册

致母亲

第十二号上

吾母：

八月初九日曾寄十一号信，想已收到。今日收到第五号信，甚喜。信中所说归期一节，前数书均已详细说明，可不用再答。母往往说及儿子婚事未完，以为生平第一缺憾。其实此乃母心中过虑也。儿子婚事件件都已由母安排定当，所未完者，不过迎娶一节耳。望母不必远虑，更不必以此一节未完，遂增烦恼。至于“切实之归期”，前书已说明所以不能确定之原故。今以母信敦促，且作下文切实之回

复：儿子归期早则春间，迟则夏间，无论如何，夏间决定回国。

此可算得切实的回复否？

冬秀能否常住我家？如能长住，与母作伴，岂不很好？若冬秀定要回去，亦只好听其自便。彼在吾家，终是作客，究竟不如在自己家中的方便。故儿子以为当听其自便，母意何如？

毛峰茶不必多买，两三斤便够了。寄茶时，可用此次寄上的住址（如已寄出亦不妨事，因可转寄也）。今年夏间大热，幸所居之地高敞风凉，否则不能读书了。此复，即祝

吾母康健百福

适儿　八月卅一日

近仁叔均此致意

《胡适遗稿及秘藏书信》，第21册

致母亲

第十三号

吾母：

前次家书中向儿要影片几张，今加印得五张，收到之后望送近仁叔一张，其余四张随母意分送亲属可也。下次有便当再加印几张寄来。儿现方作博士论文颇忙，脱稿之期正尚遥也，惟身体平安，望母勿念。匆匆，即祝吾母康健

适儿　九月四号

——《胡适遗稿及秘藏书信》，第21册

致母亲

第十四号上

吾母：

九月四日寄第十三号信，想已收到。今日为九月廿七日，为哥仑比亚大学开学之期，明日上课。第七年第一学期开课矣。

儿所作博士论文，夏间约成四分之一。今当竭力赶完，以图早归。今年归期至多不过九月、十月耳。当此九月、十月时间，有许多事均须早日筹备。

第一、归国时作何事业。

第二、归国未得久远事业时，该如何办理，如何糊口。

第三、家事如何安排，何时结婚，何时出门。

凡此诸事，似宜早为打算，免得他日临时抱佛脚也。然此三事之中，以第一事为要。此事一定，其他三事，不待言矣。俟有定局时，即当禀知，以释吾母之远念。

一年以来，久不得冬秀之书，岂因其不会写信，就不肯写乎？其实自己家人写信，有话说话，正不必好，即用白字，亦有何妨？亦不必请人起稿，亦不必请人改削也。望母以此意告之。如冬秀尚在吾家，望母令彼写信与我，两行三行都无不可也。

写信最忌作许多套话，说许多假话。前得明侄、永侄两信，都犯此病。冬秀前年来信，并犯此病。若用假话写家信，又何必写乎？

此间有朱经农者，乃儿之旧同学也。日前曾告儿言，新得其夫人来书，“虽有白字，颇极缠绵之致”。儿为填一白话词戏之曰：

先生几日魂颠倒，
他日书来了。
虽然纸短却情长，
带上两三白字又何妨。

可怜一对痴儿女，
不惯分离苦。
别来还没几多时，
早已书来细问几时归。

连类想及之，遂写于此，以博家中人一笑。匆匆，即祝吾母康健。

适儿　九月廿七夜

——《胡适遗稿及秘藏书信》，第21册

一九一七年

致母亲

六年第一号上

吾母膝下：

前日得第八号信及冬秀之信，甚为喜慰。儿近感时症，得重伤风之恙已十余日，尚未全好。病中得家书，喜可知也。儿久不作书之故，已于前号信中言之。实则儿入冬以来，似有病意，虽郁积不发，终觉无有精神，不能高兴。以故，除工课以外，颇无余力及于他事。年假中天气冷暖不时，时症大作，遂亦及我。医生云，但静养几日，便可全愈。今正服药，寒热已退，头亦不疼痛，尚微咳嗽，然亦大减。今日竟觉精神亦好，故作此书耳。

此系不要紧的病，望吾母勿以为念，至要至要。否则儿下次有病痛，亦不再告知家中人了。

冬秀信甚好，此信较其几年前在吾家所作寄其祖母之信，胜几十倍矣。病榻无事，作诗纪之：

病中得他书，不满八行纸。
全无要紧话，颇使我欢喜。
我不认得他，他不认得我。
我却能念他，这是为什么？
岂不因我们，分定长相亲。
由分生情意，所以非路人。

天边一游子，生不识故里。
终有故乡情，其理亦如此。
岂不爱自由，此意无人晓。
情愿不自由，便是自由了。

此儿的白话诗也。今年元旦病中作新年词一首，亦是白话。

沁园春·新年

早起开门，
送出病魔，
迎入新年。
你来得真好，
相思已久，
自从去国，
直到今年。
更有些人，
在天那角，
欢喜今年第七年。
何须问，
到明年此日，
谁与过年。
回头请问新年。
那能使今年胜去年。
说"少做些诗，
少写些信，
少说些话，
可以长年。

莫乱思谁，
但专爱我，
定到明年更少年。”
多谢你，
且暂开诗戒，
先贺新年。

茶叶、蜜枣、绣巾已于月初收到。另有函致节甫公，谢其费神，并乞其代挪借今年家用，不知能办到否。

儿婚事之预备，望吾母不必早日为之。俟儿归国时再方之不迟也

此祝

吾母康健百福

适儿　一月十七日

上月得曹庸斋伯之子曹继高一书，此人现在究竟如何，甚愿闻之。想秠嫂必能告我也。

适儿又及

程鉴泉兄之子程光普兄亦常有书来。吾察其字迹，知其人必老成勤苦。家中亦知其人否（此人即与儿在梅溪学堂同学者）？

——《胡适遗稿及秘藏书信》，第21册

致母亲

第六号上

吾母膝下：

前寄第五号书，言或能于六月初起程归国。今以大考期在五月廿二日，考后匆匆不能于几日之中摒挡一切未了之事。故六月中已不能起程，乃须待至七月初耳。因恐家中人相待，故先以此告知。

前书言欲于归里时与冬秀一见，不知能办得到否。望吾母早与江氏言之。

婚事今夏决不能办，一因无时候，一因此时无钱也。更有一层，吾乡婚礼，有许多迷信无道理的仪节，儿甚不愿遵行。故拟于归里时与里中人士商议一种改良的婚礼。此也可开开风气，惟此事非儿此时所能悬想，故当暂缓耳。

连日因赶紧将论文抄完，故极忙，不能多作书矣。

论文五日内可成，论文完后即须预备大考。

此次大考，乃是面试，不用纸笔，但有口问口答。试者为各科教长，及旁习各科之教员，但想不甚难耳。

此时论文已了，一切事都不在意中，考试得失已非所注意矣。

这几年内，因在外国，不在国内政潮之中，故颇能读书求学问。即此一事，已足满意，学位乃是末事耳。但既以来此，亦不得不应大考以了一事而已。

适儿　四月十九日

——《胡适遗稿及秘藏书信》，第21册

致母亲

吾母膝下：

今日上午十一时安抵上海，有二哥与节公及聪侄在码头相迎。此时大局纷乱，一时尚难定行止。闻北京大学文科长陈独秀先生可于一二日内到上海，且俟他来一谈再定何时归里。届时当先行写信关照家中。儿一路平安，身子甚好，望吾母勿念。

适儿　七月十日

——《胡适遗稿及秘藏书信》，第21册

致母亲

吾母膝下：

到上海之时，即有一书寄家，想已收到。儿在此所有应接洽之事，已将完了。一俟完了，即须归里。大约一星期之内，可到芜湖。昨日接江子隽姻丈手书，言彼亦将归去，拟在芜相待，俟适到时同伴归里。儿已作书答之，乞其相待同行。

儿此次归里，决计暂不迎娶，家中千万勿作迎娶之预备。盖以天气太热，一也。儿在家只有二三十日之久，时日太匆促，二也。长途劳苦，颇思在家少息，不愿办此忙闹之事，三也。无钱何能办此事，若太从俭则无以对吾及冬秀；若从丰，则断非今日力所能及，四也。

以此诸故，儿志已决，拟冬假中再办此事，望吾母能鉴儿之意，谅儿之心，并意告知冬秀及江氏家中亲长，使其勿作今夏迎娶之筹备。

此事已缓了十年，今岂并几个月亦不能再缓乎？

儿在美时曾有信言归时欲先与冬秀一见，或在吾家或在江村皆可。此事不知吾母曾告冬秀否？如能接冬秀来吾家暂住几日更好。儿到芜时，当与子隽姻丈一言之。

适儿　七月十六日

——《胡适遗稿及秘藏书信》，第21册

致母亲

吾母：

昨夜歇三溪，夜间遍访同乡店家景春、鼎和，同兴、同顺及洪□□共五六家。此系歇熟店家的坏处，所以今天不湾泾县城了。今夜歇晏公塘，天色尚早，写了一封长信与节甫叔公。信内（一）谢其买物；（二）谢其历年来代垫各款；（三）言明此款于明年为始，分四期归还；（四）托其代买琼玉膏两斤，此膏泽舟先生言甚合吾母病体。买到时，望问泽翁如何服法。如服之有效，不妨再买。

吾母病体不宜太劳，望千万调养调养，勿太劳。若泽舟之药既有效，望多服几帖，可时时再请其来诊看，望吾母千万勿惜小费以添儿子之远虑也。

所带之塌果很好，昨天中饭吃了三个，今天中饭吃了两个。昨夜在胡正隆号吃了一大碗面，今早吃了三个鸡子一碗粥，今晚吃了两大碗饭。鸭子不甚咸，但尚可吃得。

昨晚睡得不甚熟，明天又要起早，所以不写长信了。一路上再寄信罢。条桌上一支大字笔是茂和侄的，请托人送还他。

有一封小信与冬秀，请交与他。

匆匆奉禀，即祝

吾母康健。并问

合家安好。

适儿　十六日夜（8月3日）

——《胡适遗稿及秘藏书信》，第21册

致母亲

吾母膝下：

适于今日午间到芜湖，途中虽颇苦热，然幸无疾病，可释远虑。到芜后即到科学图书社汪孟邹兄处，始知北京大学所以屡次来催者，并无他事，不过因北京招考，无人帮助看卷子，故欲适先去耳。今考期已过，正可不忙。但适已决意不湾上海，且先去北京，俟事体小定，再来上海。其余诸事，且俟他日再说。已作此书后，闻人言明侄有病（脚气），甚欲归来。此病非回徽州不可。适且决计去上海一行，一则可看看明侄，二则可将上海之书籍带去，三则可一看川沙店情形。在途中有两个明信片寄家，想已收到。

匆匆奉禀，即祝

吾母康健百福。

合家亲长均此。

适儿　七月十六日（9月2日）

附上信封一包。

——《胡适遗稿及秘藏书信》，第21册

致母亲

吾母膝下：

儿今日到上海，拟住两日即去北京，约廿三可到。

二哥本月内痔疮大作，有几日竟极危险。今幸小愈，然极憔悴矣。

明侄足疾似无大碍，据医院中人云决不妨事，可令家中大小放心也。现入之医院名宝隆医院，手段甚高，看护亦极周到。儿拟俟明侄小愈后即令其归里一行，使其可以调养数月。然此事今亦不能预定，但病决不甚要紧，家中人千万莫急也。

他事今亦不能谈。现因衡卿兄之便，托其先带此书，以慰家中悬望之意，并问

合家清吉

适儿　十九日（9月5日）

——《胡适遗稿及秘藏书信》，第21册

致母亲

吾母：

儿今日午时到北京，下午去大学访蔡先生，不相值。复至其寓，亦不相值。须明日始往访之。大学本定今日开学，今因他故，须延长一星期，故儿此来并不为迟，有许多时可以商酌一切课程。儿此时暂寓中亚旅馆。大约一二日后，即须决定住所，或居大学，或居校外，皆未可知。家中寄信可写：北京北京大学文科教授胡适之收，可不致有误也。

永侄病状如何，甚以为念。望家中时时写信说明，以免远念。

在上海时，曾往见秠嫂之二姊，即在其寓吃便饭。与彼说及永之足疾，彼言此症恐终系内亏。谓如今所延医无大效，不如暂漂一二月，再作计较。彼曾寄有阿胶、鹿角胶之类，秋凉后可煎与永服之，以为补养之资。如实不能收效，或竟须出外医治，如来上海，可在大姨寓中担搁，亦不无照应。总之，此病非一朝一夕所能收全功。故大姨叮嘱适劝秠嫂及吾母千万勿性急，千万勿心焦，焦急于事无益也。不曾写信来家，儿亦与节甫公谈过。节公亦言今日盘店，亦是不得不如此。节公现在家，望吾母及秠嫂细细一问之，想可得店事一切实情。儿已与绍之谈过几次，秠嫂所嘱各事，也曾细细谈过，其中一切细情，非一言所能尽。且俟店事了结后再细细写一信来家。儿此时太忙不能写信也。儿一路颇辛苦，幸无疾病，可请家中人放心。

信记店中之轿金已付去否？

儿出外之前一日，途中遇庆寿兄，已以观兴之事告之。彼言如吾家愿租与他人，亦须待明春，儿亦以为然。

在芜湖遇江子隽丈，彼欲儿为之谋事，托石锦翁来说。儿告此等事可遇而不可求，但可为之记在心中耳。

爱体姊之子绥汝已托定吉娘带到上海。儿到上海时，曾亲去恩汝处看过，一切都平安。福汝也见过。据云恩汝、福汝皆将于明年正月回家。如家中有便人，可将此意转达爱体姊也。

适儿　（七月廿四）9月10日

——《胡适遗稿及秘藏书信》，第21册

致母亲

吾母膝下：

到京已近廿日，而大学尚未上课。初定初十日开学，继改定廿一日开学。廿一日开学时，适演说《大学与中国高等学问之关系》。开学后，初定廿六日开课，后以来不及，又改到十月一日（即八月十六日）上课。来京白白地糟蹋了廿日，若早知如此，还可在家多住廿日，或竟能先把婚事办了。盖大学自“复辟”风潮之后，有两个月无人办事。故各事至今尚乱七八糟，一无头绪，乃到今日尚未开学也。

适之薪金已定每月二百六十元。所同居高君亦好学之士。所居甚僻静，可以无外扰，故欲移出同居也。彼处房钱每月不过六元，每人仅出三元耳。合他种开销算起来，也不过每月四五十元之谱。

今年所怕须是添置衣服之费，皮衣更不得了。

年假若照部定规则，但有十五日，自阳历十二月二十五日起，到正月十日止。现尚不能确定如何请假之法，大概当于年假后加廿日，或可以敷用矣。今年开学已太迟，似不便多请假了。

此事一时亦未能决定，且待开学后再说。

明侄死后适已有信来家，想已收到。不幸事之来，真足令人毫无兴趣。然此亦无可如何之事，只好付之一叹而已。

教者英文学、英文修词学及中国古代哲学三科，每礼拜共有十二点钟。事体本不甚繁，本可兼任外间工课。但此番来京已迟了，各学堂都已聘定了教员。且适初任教科，亦不愿太忙。因此且就此二百六十元过了半年再说。

适现尚暂居大学教员宿舍内，居此可不出房钱。饭钱每月九元，每餐两碟莱一碗汤，饭米颇不如南方之佳，但尚可吃得耳。适意俟拿到钱时，将移出校外居住，拟与友人六安高一涵君。永侄之脚疾已有起色否？久不得家中来书，甚以为念。

适身体平安，望家中勿以为念。

适儿　九月卅日

——《胡适遗稿及秘藏书信》，第21册

致母亲

吾母：

阴历八月三日之家信已收到，读之甚喜。永侄之内疾既退，外病脚疾亦有起色，甚可喜。永侄所附一信，文理甚清楚，读之甚慰。

明侄之丧，家中人定必痛惜，然亦无可如何。此病本难治，当时明侄又以办毕业之故，不肯早日告人，及其病重，始告人。二哥当时痔疾正甚，痔脱不能收入，闻信即往看视，后复为送入医院，一切料理不可谓不竭尽心力。一切医药之费皆二哥所筹措。儿到上海时，闻医院中人言此病尚可医，儿闻之甚慰，不料其竟不起也。死后一切棺

材衣裳之费，皆由二哥筹措，到昨日始由适寄款去将余欠之款偿还。

长嫂遭此大变，定必极哀痛，即吾母亦必甚哀伤。但此等事追想亦无益，不如勉作达观耳。

江村一方面究竟如何？冬秀病已愈否？望着人一探听之。

袍料、褂料此间买不甚方便，当托人向上海买去，买了即由上海转寄家，便更觉方便了。

孝丰来信已收到。

北方虽冷，然与纽约及绮色佳均差不多。儿当自己留意，吾母勿念也。

上课已四日了，一切事尚未将就过去。工课并不忙。

适儿　十月五日

——《胡适遗稿及秘藏书信》，第21册

致母亲

吾母：

顷得八月廿九日书，如大嫂与秠嫂均有疾病，甚以为念。甚望其早早全愈也。绍之之信，其原因在适一人，适到上海时，曾将秠嫂所问诸事直问绍之，并告以川店之事，秠嫂实难怪有怨言。绍之闻言，颇为愤激，因细说家中种种误会之原因。如可卿叔欠款之［数］字，实系可卿误记。此款收到后，即划在川店账上，故次年之誊清簿上，即将可卿欠项减去五十余千。（当日洋价有一千数百，故六十元可抵五十余千。）

只止［此］一端，可见家中路远难免误会错怪之处。至于川店，则几十年之账簿适亦略略翻看，其间大抵亏本之年居多，而盈余之时极少。年来市面更坏，用人又不得当，故已成无可救药之势。绍之苦心把此店盘顶，把亏欠之款摊完，其中一切细情，想节甫公定已向家中说过。至于绍之家眷在川沙，实不致动用川店之款。秠嫂在川沙种种节俭刻苦之情形，实有不能一一笔述者（尚有许多苦情，非写信所能言也）。

家中不知此情，故有误会耳。

总之，绍之对于川店，不可谓不曾用尽心力。无奈绍之年来亦极艰苦困难，故不能有整顿扑救之力耳。

川店久已成为家累，家中决不能靠此为养家吃饭之计。今幸将亏欠之款作一成摊还，免了债累，已为侥幸矣。望秠搜能明白此一层情形，并望其莫过于心焦着急。他日家中家用及永侄身上之事，适总可以支应。大嫂一方面事可由适承担，请大嫂放心可也。

适在此上月所得薪俸为二百六十元，本月加至二百八十元，此为教授最高级之薪俸。适初入大学便得此数，不为不多矣。他日能兼任他处之事，所得或尚可增加。即仅有此数亦尽够养吾兄弟全家，从此吾家分而再合，更成一家，岂非大好事乎！

茂光表兄信内言，母意此次请假归娶，非两个月不可，此决不能办到，今附上大学章程一页，读之便知年假之短。适在大学中不能多请假之故四条，（一）大学今年开课太迟，故不便多旷课。（二）适所任工课，不易请人代教。（三）此次教育部因改订大学章程事，召集一会讨论此事，适亦被请参预会事。因建议废现行之分年级制，而采用“选科制”。此议已经教育部通过，但一切细目详章尚须拟好。此为中国学制上一大革命，一切办理改革之法，非数月所能料理。适为创议之人，当竭力筹办此事，期于一年之内可见诸实行。故决不能久离京城，头尾一个月已多，两月万不能办到也。（四）大学现拟分

部组织教授会，适亦为创此议之人，故非将此事办妥，不能久离京也。有此四层，故上次写信言暂择十二月三十日（十一月十七日）为婚期。适但能于十二月廿二三到家。婚后六七日（至多十日）即须出门返京。以须赶路，故此次或不能带新妇同行。但有这个办法，若此法不能行，则可择以下两条办法：

（一）将冬秀送来北京结婚。

（二）且等明年夏六月（阴历五月）再迎娶。

以上共有三条办法，望母斟酌妥善，再与江宅商量。商量停当，望即日飞函告知适，以便早作筹备（可将此函之后半段送与耘圃兄阅之）。

此间朋友皆劝适在北京结婚，此法实为最便。若能行此法，可与江宅商之。适意在北京结婚之办法，约如下：

（一）可请耘圃兄将冬秀送来，川资由适任之。

（二）今津浦铁路已断，但有趁京汉火车。

（三）可不必先择日期，俟冬秀到时再择日结婚（如能于十二月三十日前到更妙）。

（四）冬秀到时，可先住旅馆中。此间有甚上等的旅馆，一切都方便。

（五）婚礼即于适所租房内行之。

（六）家中此时可不必开贺，俟适明年来家再补请喜酒。

（七）此时京汉火车虽通，但不许客人多带行李（因京汉亦被水冲坏，今新修好，尚不能如旧也）。若来时，千万勿多带物件，但带铺盖衣服可矣，其余可存放家中。

以上办法不过因路远，不便时时用信谈话，故先述于此，以免他日不及陈说。究竟能在北京结婚与否，尚须待家中及江宅斟酌回复也。

此事已不宜延迟，望速即与江宅一商。能请一人往江村当面接洽一切，则更佳矣。

匆匆，百忙中草此长书。即祝

吾母百福

适儿（重九后一日）廿五日（10月25日）

《胡适遗稿及秘藏书信》，第21册

致母亲

吾母膝下：

得三四号手书，知前议婚期婚礼各节均已得吾母之同意。现绍之已来京，聪儿亦在此。适本意欲与绍之及聪儿一同来家。然绍之痔疮现尚未痊，行步都不易，且此时尚未有事，亦不当即离京。故适已与绍之说，请其不用来家。聪儿失学已久，初来北方，亦不当即令随都可，俟儿归时再定可也。

耘圃现在芜湖，儿已有信去，请其决定后回信。此时尚未有信来。

如婚期有变更，请着人去屯溪打一电报来。

款子明日即汇二百元，由上海转，想可于十日半月间汇到。儿归时当另带些款子来，想共得三四百元足矣。

儿归去，故儿决计独自来家，不带一人同行。约阳历初十日后可以起程，廿日前可以到家，婚后约可住十几日，约在月十二三可以起程来京。此时政局一日千变，北京尤不安稳，决不可更有家累。故儿决计此时不带家眷同来，约五月中再回家去带家眷，亦未为迟也。

男宅主婚人，随便什么人，婚礼一切事家中无人料理，只得拜托铭彝兄代为办理，但是，心甚过不去耳。

筹备之事，亦不甚多。里中无有大轿，不知他村或江村有之否？

吾乡无好酒，可到绩溪县挑些酒来，县中之“甲酒”甚不恶也。

亲友送贺礼一概不收，惟可收贺联耳。

家中若无人帮忙，可雇一二妇人帮忙，莫令家中人太苦也。婚礼衣服儿自己带来，皮袍褂料亦自己带来，彼时再缝做亦不甚迟也。况家中天气不寒冷，有所带之大皮羊皮，已可用了。

前所定婚礼，如江宅不能一概采用，不妨酌量增减一些。儿此时太忙，两星期内除正课外，尚有四处演说（一在农业专门学校，一高等师范，一在大学，一在天津南开学校），故不能作长书。

铭彝兄处亦不另具函，乞吾母代为致意相托。如有笔墨之事，可请近仁叔代劳。

适儿　十一月廿六日

——《胡适遗稿及秘藏书信》，第21册

致母亲

吾母膝下：

前上一书，言次日即汇寄贰佰元，今以汇款甚迟，不能即到，非十几日不可，故已决计不由上海汇款。儿决于十二月十三日动身，约十二月二十日前可到家，那时当自己带钱来家。此时如有急需，不妨暂时向别处挪移。儿约带四百元来家，想可敷用了。

儿现将此间各事料理清楚，即日动身。儿现为哲学门研究所主任。研究所为本大学毕业生继续读书之所。因系初次创办，故事务甚繁。现本所定于十二月三日开办，开办后一星期，一切事稍有头绪，儿便可抽身矣。

前寄《东方杂志》及《太平洋》各一份与本村阅报社，想已收到。

一切事不及细谈，均俟归时面谈。

此时安徽北部有乱事，甚其不致波及皖南。若皖南亦有兵乱，则归途有阻碍矣。

适儿　十二月一日

——《胡适遗稿及秘藏书信》，第21册

一九一八年

致母亲

吾母膝下：

一路上情形，另见一片，附寄上。昨日车到天津，迟了几点钟，赶不上快车，只好上慢车。不料慢车上没有二等车，只有三等车，坐处已极坏，睡处更没有了。快车两点半钟可到北京，慢车须走六个多钟头，车上又极冷，窗又破了，关不住风，两足冰冷，只好起来，走来走去，以取暖气。直到半夜后两点多钟始到北京。天太晚了，不能进城，遂在客店中睡了。今晨（廿二）进城。二哥已出京往汉口，聪侄尚平安。

此次离京前后共四十九日，七个礼拜。

一路上虽比别次旅行为最辛苦，然身体尚平安，望吾母放心。连日所最苦者，只是睡眠不足，想是心挂诸事，神不能安之故。今到了北京，心安了，或不致再睡不着了。

草奉禀，即祝

吾母康健

合家清吉

适儿　十二月廿二日（2月3日）晨十时

临行时，永侄言已愿在余村入学。此系永侄体谅家中人之意，其意甚善，又能与骐弟作伴，两人多可有进益也。

——《胡适遗稿及秘藏书信》，第21册

致母亲

吾母膝下：

昨寄一书，想已寄到。昨今两日到大学接洽一切。陈独秀辞职之事，现已取消，陈君仍任学长，儿仍任教授。儿此时尚未上课。现定于二月六号上课。此间于阴历元旦起放寒假七日，儿亦可借此假期补作讲义。大学中人望儿之来甚切，故见儿回京皆甚喜也。

时局更纷乱不可收拾。北京钞票跌至五七八折，若再跌下去，则一块钱仅可作半块用矣。

二哥尚未回京，不知年内回京否？

儿自离京以来，五十日未作讲义，心放了便难收回。故今日竟不能坐下读书，须安心定志休息一两日，始可如旧作事。

冬秀颇识字，可令她勉强写信与我，附在家信内寄来。写得不好，亦不妨。如不愿他人见了，可用纸包好，附入家信中。

今天下雪了，但不很厚。家中有雨雪否？

吾母病体未全愈，望把诸事于宽心，总须以养病安神为要。如泽舟之药有效，可多吃几帖，再望时时请他来复诊。儿此次婚事，一切心愿都了，但以吾母病体为虑耳。望吾母安心调养，以慰儿心。

适儿（2月4日）

——《胡适遗稿及秘藏书信》，第21册

致母亲

吾母膝下：

今天二十六了，想此信到时，已是新年初四五了，贺年已迟了，我已早贺过年了。如今也不再写拜年的信了。

过年想必很忙，吾母病体不宜太劳，望于新年中无事时静养静养。

今天写讲义，直到半夜后一点半钟。写好了，还高兴，再写一封家信罢。

我到京后，每日有一封信来家，这个法子，吾母看是好不好？写惯了觉得很有趣味，可以作一种消遣事做。

还有一封信，请交冬秀拆看。又有一篇文，请交近仁叔收。

要睡了。

适儿　七（2月7日）夜一点半

——《胡适遗稿及秘藏书信》，第21册

致母亲

吾母：

这时候已是二十九夜九点半钟了，我想家中年夜饭是吃完了。我十几年没在家过年了，把家乡风俗都忘记了，也不知吃年夜饭后有什么事做。只好不若不劳动这只脚，慢慢的便会见好，他说最好是用布

把这只脚扎在插拐上不要劳动他，使他慢慢的调养。能做一种西人用的插拐亦可。略如下图：

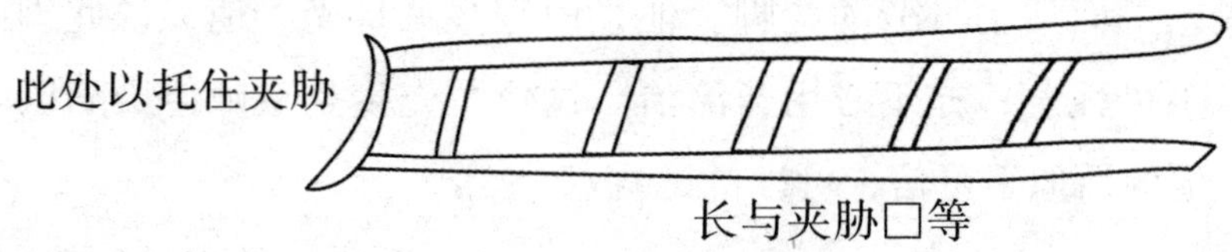

用时面抵住夹胁，手拿住第一或第二根横木。行走时，病脚便不用担力。

去想了，且把我今天的事写出来与大家听听罢。

今天起得很早，天未亮便醒了。点起灯看了一会儿的书，天亮明了，便穿衣服起床，那时还不过七点钟，厨子（名阎海）已出去了。因为昨夜我叫他今天午饭办几样菜，为同居的高先生送行，所以他一早便出去买菜去了。我自己去倒了面水，洗过面，看了一点钟的书。厨子回来替我烫了六个生鸡子，吃了当早饭。

十点钟时，同高先生出去看了两家朋友。回来吃午饭，也没有外客，就是我陪高先生喝了两杯酒，聪儿也在座。

吃过饭便有客来，这客去了，又有客来，请我于正月初三日到天津去看他结婚，还替他做一位“好人”。西式婚礼，新郎请两个最好的朋友做“引导员”，亦名“好人”。

我因为这几天须补作讲义，没有工夫，所以辞了他。

客去之后，我也叫车出门，先到大学法科去寻一位朋友，谈了一刻钟，又到大学文科去办了一点事。

五点半钟到一位陶孟和先生家去吃夜饭。陶先生也是大学的教授，是在英国毕业的，学问极好。他和两位严氏兄弟同住。

这两位严先生是前清学部侍郎严修的儿子，一个是医生，一个是画家。吃饭时，还有一位韩先生，也是个医生。

饭后大家畅谈了两点钟，我才回家写了这封信，便也要去睡了。

席上曾同这位严先生谈起永侄的足病，他说这是肺痨的遗传余毒，此是慢性的病，非药石所能治。但须一面多吃滋补的物品，如鸡蛋之类；一面切不可劳动此脚。他又说宜多见日光，他又说此脚需时甚久，不可性急，亦不必用药涂治。这位严先生是京师传染病医院的院长，他的话似乎可信，可以试试看。

适儿　除夕（2月10日）

——《胡适遗稿及秘藏书信》第21册

致母亲

二月十七日　正月初七日

吾母：

今天是寒假的末后一天了（共放七日假），明朝便上课了。

今早七点起来，编了一些讲义，吃了四个生鸡子，又吃了一碗半饭。高先生走了之后，我们早晨不吃粥了，改为吃饭，我实在不喜欢吃粥。

我到北京，朋友们人人都说我比从前胖了，气色也好了。我因为家中都说我更瘦了，所以不相信这话。近来仔细看看，觉得是胖了一些，想是在家中吃食太好之故。有人说新婚之后应该发胖的，这话怕也有点道理。

今天上午做了一个上午的讲义。十二点钟到城外去，有朋友请吃午饭，喝了差不多两斤花雕酒，酒很好，有点醉意了。回来时到琉璃厂去看了几家书摊。回家吃了晚饭，觉得还有些醉意，便睡了两个钟头。起来喝了一壶茶，吃了一个大萝菔（音仆），又预备了明天的工

课。现在差不多到十二点钟了。写完了这封信，便要睡了。明天须起早，八点半钟便有课了。

适儿

昨日寄棋子一盒，因包裹不如式，邮局不肯寄，故不曾寄出。

《胡适遗稿及秘藏书信》，第21 册

致母亲

二月十八日

吾母：

今天第一天上课，上午（八点半至十点半）上了两点钟，下午（一点半至三点半）上了两点钟。上课后办了一些杂事，出城到一家照相馆去看我在家时所照的相片洗出来了不曾。这些相片因为我太忙了，所以不曾自己洗。今天去看，都洗出来了。别的都好，只有在岳母坟上照的两张全看不出什么。共照十八张，有十六张可印，四日内可印好，印好时再寄来家，拣好的多印几张送人。从照相馆出来，便出城洗浴。吃了大盘虾仁炒面当夜饭，又到绩溪会馆去坐了一刻，便回来睡了。

今天月色甚好，不知家中今夜月色如何?

适儿

——《胡适遗稿及秘藏书信》，第21册

致母亲

二月十九日

吾母：

今日无课。儿的工课都排在星期一、三、五三日，故星期二、四、六皆无课。

上午编好讲义送到大学去印，回来吃饭。

下午本想编别项讲义，只是没有精神。只得写了二封极长的信与美国诸友。内中有一封是与六七个中国留学生的公信，共写了十九张七行信纸。

这两天身体很好，饭量也好。只是此间自从高先生走了之后，没有人可以谈谈，所以很觉得寂寞冷清，所以很有点想家。家中人听了定然好笑。

其实这是平常的事，有甚么好笑。

写信大可解闷，大可消遣。

适儿　二月十九

永侄的棋子已寄出了，因包裹不如式，又退回来。须要用布缝好，始可寄。此地又没有妇人可做此事，且待找人缝了再寄。

适又及

——《胡适遗稿及秘藏书信》，第21册

致母亲

二月廿三日上

吾母：

自从昨天起我每日早晨喝“豆精乳”一瓶，此物即是豆腐浆。近年由学者考验，知豆腐浆之功用，等于牛乳。有大学生物学讲师李石曾先生发起个豆食厂，每日所出豆浆，制造极干净，我所吃即此厂所造的。

吾乡俗话说“徽州朝奉，自己保重”，我现在真是自己保重了，一笑。

我在家时，因看见冬秀嫁妆中的剪刀也是十年前所办，如今都上铁锈了。衣裳上的针线也有坏脱的了。我那时觉得这十年中经过了多［少］变迁，颇有点感慨，想做一首诗，因为匆忙得很，不曾做成。前天补做了一首，写给家中人看看。诗如下：

记得那年，
你家办了嫁妆，
我家备了新房，
只不曾捉到我这个新郎！
这十年来，
换了几朝帝王，
看了多少世态炎凉；
锈了你嫁奁中的刀剪，
改了你多少嫁衣新样；

更老了你和我人儿一双！
只有那十年陈的爆竹呵，
越陈偏越响！

近仁来时，可把这首诗与他一读。

今日星期六，明天星期，没有工课，但须编讲义。

适儿　廿三日

——《胡适遗稿及秘藏书信》，第21册

致母亲

二月廿五日（元宵）

吾母：

昨晚两点半钟曾写一个明信片，写了在就睡了。今天早晨起来洗面，要照镜子，遍寻不见，又看剃须刀盒也不见了，以为是聪侄拿去剃面去了。那时不过七点多钟，聪还不曾起来。我叫佣人去寻镜子，也寻不着。后来寻到我从前住的房间，见一只外国箱子大开未闭。佣人来叫我去看，始知昨夜有贼偷进来，开箱取去狐皮马褂一件、外国衬衫几件、罩袍一件、单衣几件、帽子两顶、茶壶一把、剃刀一盒、镜子一面、洋袜几双。还有家中带出来的千里镜头两个、破表一只也都拿去了。大概还有些小零碎，如今也想不起来了。镜头和破表包在一包，这位贼先生以为是好贵重的东西。又剃刀一盒，他以为内中是银钱，所以也拿去了，岂不好笑吗？

后来在院子后面寻出袜子一双，掉在地上。又见茶叶倒在地上，因此始知贼先生是从屋后墙爬进来的。北京的房子都没有高墙，故易于爬进爬出，昨晚我睡迟了，故睡得很熟，不能听见声响。

此次失物，并不值几个钱，只可惜家中特为我做的马褂也偷去了。还有那剃头须刀，从家中寄来，只用了两次，便被他拿去了。别的东西，他用得着，倒也罢了。这一盒剃刀他拿去一定不会用，岂不是白白地枉费心思吗？

这几天正苦于没有话说，今天真有机会可以同家中大家谈谈天了，哈哈！

适儿　二月廿五日

——《胡适遗稿及秘藏书信》，第21册

致母亲

二月廿六日

吾母：

今晚有人请吃晚饭，主人为威而孙先生夫妇。威先生是美国人，现在大学教英文。他的夫人也是美国人，很懂音乐，能唱歌。

我从去年在上海上岸之后，至今不曾吃过真正的美国餐。今晚吃的却真是美国式。

吃的东西如下：

（一）一盘汤。

（二）一块鱼（炸的）加洋山芋。

（三）一块牛肉（炙的）加洋山芋。

（四）一碟水果（切成小块）和生菜叶。

（五）一杯冰乳。

（六）一杯咖啡。

吃完了，谈到九点半始回家。“冰乳”又名“冰忌廉”最好吃。他们告诉我说，他家每隔一天便吃冰乳。我问他们是否买的，他们说是自己做的。我对他们说，等我的家眷来了，要请威而孙夫人教她做冰乳，威而孙一口答应了。

适

又寄上外婆影三张，小姨影一张，冬秀影两张。

——《胡适遗稿及秘藏书信》，第21册

致母亲

二月二十八日　正月十八日

吾母：

昨日不曾写信。

我在家时，曾答应铭彝兄于二月中为汇寄四百元至芜湖，以二百元还联奎兄，以一百四十元还铭彝，余六十元则托其寄家。现正在筹备，此四百元元尚未筹齐也。

今日无课，在家编讲义，编到了半夜后三点钟始完。要睡了。

昨日为吾婚后两月之期，日子过得真快。

适儿

——《胡适遗稿及秘藏书信》，第21册

致母亲

三月一日

吾母：

今日得第二号家信及冬秀一信，永侄一信，极喜极喜。

家信中所言各节，我天天的信中都已明白回复了。

永侄的信写得极好，读了我很欢喜。所说不去余村一节事，也很有道理。他是很懂事的孩子，尽可由他自主。家中中文书很多，可以由他翻看。只有算术一门不可不补习，可将学校用本取回自己补习。

冬秀的信也比从前进步了，内中颇有几个白字（如“是”，写作“事”，“之”作“知”）都还不要紧，常常写写便更好了。

此后尽可叫他们两人写家信，近仁太忙了，不应常常烦他。永侄写信已很清楚明白了，既不会误事，又可借此操练作文，岂非一举两得。

适儿

——《胡适遗稿子及秘藏书信》，第21册

致母亲

三月三日

吾母：

昨天不曾写信。

昨天星期六，上午起了一篇“图书馆书目编纂法”的稿子，下午到大学评议会，开了三点钟的会。回到家中，吃了晚饭，编了一些讲义就睡了。今天星期，上午写了几封信，便有许多客来。一个去了，一个又来，有两人在这里吃中饭。他们走了，我没有心思作正经事，还是写写信罢。

我自到京以后几乎天天有一封信来家。这些信可令冬秀与永侄按照时日的先后编排在一处。这些信中，虽没有要紧的话，终是一时的纪念，将来回想，也且有点趣味。

我身体平安。

适儿　三月三日

——《胡适遗稿及秘藏书信》，第21册

致母亲

吾母：

前日星期下午写有一信，那天我写讲义写到晚上十二点钟才睡。

昨天起来觉得两鼻孔都有点不通，又有点咳嗽，想是有了一点小伤风。昨天下课之后，回到家中也没有精神写讲义，恰好会馆中有一位胡燕谋君来此，吃了晚饭，遂同他去会馆中谈了一会，才回来睡觉。今天起来，鼻孔还有点塞住。咳嗽已好了，这是小伤风，极不要紧，家中可放心也。

昨日得铭彝表兄书，知他们开店的事已暂时作罢，故叫我不必汇款去。此款不汇出，于我很方便。今且先寄六十元来家，由芜湖转寄，想此信到后不久即可寄到。

适儿　三月五日

——《胡适遗稿及秘藏书信》，第21册

致母亲

吾母：

昨日已由银行汇寄现洋六十元，由芜湖转寄家中。明知此数不够用，且先寄此数，至下月再寄六十元。

此时票价五八折，六十元合票洋一百零五元，连汇费在内。

昨日有点小伤风，今天好了，请家勿念。

此间太寂寞冷静了，不久就要搬家，现尚不曾租到合意的房子。

此时国事越弄越浑沌了，真正莫名其妙，真正不得了。

昨日有一位日本朋友寄来两部书，说是送来贺我新婚的。这位朋友现在美国耶鲁大学当教授，是一个很有名的学者。去年我回国的时候，先在火车上遇着他，后又与他同船渡海，常常叙谈，很投机的，因此便做了朋友。如今他听说我结婚了，所以送了两部大书来贺喜。

我自然是很高兴的了。

适儿　三月六日

——《胡适遗稿及秘藏书信》，第21　册

致母亲

三月八日晨八时

吾母：

昨日上午在家。下午二时半到大学研究所，上了一点［钟］课，四时后回家。写讲义直到晚上二点钟始睡。

昨日商务印书馆又送来第二次稿费现洋四十五元，正好应用。这时候的四十五元，真抵得八十五元的票子。

明天晚上，我在会馆中请北京的同乡吃喜糖，大约有两桌人。

伤风已好了，请勿挂念。

适儿

——《胡适遗稿及秘藏书信》，第21册

致母亲

吾母：

昨日为星期，有友人宋君请吃中饭。席设在一位旗人志先生家中。同席者有一个日本人，一个美国人，一个法国人及蔡元培先生。吃的是真正北京菜，很有趣味。在北京吃北京菜，都是假的，都是山东人造的，并不是真北京菜。这一次吃的可是真的了。

吃的饭是老米饭，老米是一种多年陈的米，米色微黄。这一次用的米听说是从宫里席上谈起，始知这位志先生有两个外甥，曾在澄衷学堂读书，都和我同过学。如今一个已死了，一个在铁路上办事。同席的几位都是研究文学的，谈起来很有趣。

下午回家，编了一些讲义，不曾做别事。今天下课后，出去寻房屋，寻了两处，一处有房十七间，价钱太贵了，房子又太旧了，故不曾和他还价。一处有房十八间，都还新，似乎还合用。我问他价钱。他开口要二十五元一月，大约廿一、二可以租下。明天再去问问看。若可让至二十元，我便租了。现住的房子太坏了，太不紧密了，所以要搬家。

现在时局太坏了，北京竟不成个体统。奉天张作霖的兵已到了北京城外的廊坊。冯总统已有辞职的通电。不知究竟闹到什么田地。

但是北京决没有战事发生，家中人尽可放心。要是北京有战事之虑，我决不去寻新屋了。

适儿　三月十日

——《胡适遗稿及秘藏书信》，第21册

致母亲

吾母：

昨日不曾写信。

昨日下午收到第三号事信，甚喜。

姨太病已痊愈了，使我很欢喜。

永侄之脚只是慢性病，正不必性急，且将汪开地先生的药用了再看如何。

秠嫂之气痛病，事已痊愈，闻之甚慰。

冬秀想已回江村去了。

北京情形如旧，虽不很好，但无乱事。

我身体平安，前天牙齿痛，昨天已止住了。今天还要去找牙医，把蛀洞补好。

适儿　三月十六日

——《胡适遗稿及秘藏书信》，第21册

致母亲

吾母：

昨天没有写信。

今天收到了冬秀信一封及永侄信一封，心里很欢喜。

昨天忙了一天，替《新青年》做了一篇一万字的文章，这文是不

卖钱的。不过因为这是我们自己办的报，不能不做文。昨天一直做到半夜后三点半钟方才做好。这篇文字将来一定很有势力，所以我虽吃点小辛苦，也是情愿的。

今天星期，大学中请一个美国人演说欧洲文学，请我做翻译。所以一早起来，就到大学去。演说完了，蔡校长请我们吃中饭，直到三点半钟始散坐回来。

有点倦了，且去睡一觉。

适儿　三月十七日

——《胡适遗稿及秘藏书信》，第21册

致母亲

吾母：

今晚九时，曹胜之（即继高）弟自汉口到京。胜之前有信来言欲来京跟我学英文。我回信说极望他来，此地有屋可以同居。我虽无工夫教英文，尚可以略为帮助。故胜之于廿二日坐京汉火车来京。我这里本太寂寞了，得他来同住几个月，也是极好的事。

明天早晨（星期），我要到教育部会场演说“墨家哲学”。现在北京有一个“学术讲演会”，每星期日请人讲演各种学术。我轮着三次，明天是第一次。

北京有几个月没下雨今晚突然下雨，终夜不歇。

我一切平安，请勿念。

适儿　三月廿三夜

——《胡适遗稿及秘藏书信》，第21册

致母亲

吾母：

昨天寄上照片两张，想已收到了。今天收到冬秀及永侄信各一封，心里很欢喜。

又收到芜湖开文来信说所寄洋六十元已托人带回家了，此时想已收到。

现在政府有变动，内阁换了人。昨天纸票价长了一些，今天又跌下去，但此时颇可望抬高一些。

我还没有搬家，大概七日内可搬出。现在身体平安，请勿念。

适儿　三月廿七

——《胡适遗稿及秘藏书信》，第21册

致母亲

吾母：

二嫂病死事，前两天已有信说及。二哥今早南归，此时津浦铁路已通车，故坐津浦火车去。我送了二哥动身回来，始得洪安来信，言及二嫂病起于十二、三日（阴历），曾有内热。此信发时病尚未凶，不意其如此之快也。

先好几日之前，聪得二嫂信，言曾于梦中见二哥死在汉口，心中

自此忧虑。我听聪如此说，急叫他写信去安慰她。我自己也写了一封信去劝她（此是三月廿四日之事）。不料此信未到时，她已死了。我想二嫂之病，必系由于过信梦境之过。梦时在十二月，此后二哥常有信去，二嫂终不信，以为信都是我代写的。女人不识字，不认得笔迹，竟有如此大害。

二哥儿女之事，我们昨夜细谈一会，终想不出什么好法子。我劝他把三个小孩都带来北京，再作计较。

我已于卅日搬入新寓居住。此屋很好，入校既便，出城也便。

聪儿昨日去考美术学校，今日去考第二场。大概有可取之望。

大学自昨日起，放春假七天，要到初九日才有课，我这几天，仍旧忙。虽是在假期中，仍须改卷子，编讲义。

我身体平安，请家中勿念。

适儿　四月二日

——《胡适遗稿及秘藏书信》，第21册

致母亲

吾母：

今天收到第五号家信及附加一信。

吾母既不愿冬秀与他哥哥同来，只好罢了，将来再说罢。我在外面独居十几年了，难道不能再耐几个月无家的生活吗？这事且听凭吾母怎样作主就是了。

二哥昨天早晨回南。联奎兄所托的事，我已请二哥到上海时与明

法公等一谈，望告知联奎兄为盼。

适儿　四月三日

——《胡适遗稿及秘藏书信》，第21册

致母亲

吾母：

前天有一信，说及托耘圃带冬秀来京之事。匆忙之中，说得不很详细。今把我所以要如此办法的缘故说在下面：

（一）我因耘圃本要来，故托他顺便带妹来，可以省得我费去有用的时候。

（二）我很望冬秀能早些来，因她已近三十岁了，若再不出来受点教育，要来不及了。我的妻子，在外边不能不和朋友们的女眷相见往来，这一层很要紧。至于我个人的方便，还是第二层。

（三）我恐怕夏间或不能来家。我岂不知道吾母望我来家小住？但我仔细一算，这事有许多困难：第一、我预备在暑假中做一部书，若把整段的七八十日割断了，便做不成书了。第二、我是英文部的主任，夏间大学招考，我不能不到（因为我的薪俸是每年作十二个月算的，暑假中也有全俸，不能不办事）。第三、我若是回家，也住不到几天，带了家眷就跑，似乎有点不合道理。若多住，又做不到。若回家只住几天，倒不如不回家了。第四、我很不愿意夏天在内地旅行，去年走了两趟很够受了。故我宁愿到年假时请假回来，还可住上半个月。虽不能多住，究竟比暑假好些。暑假是整段的时间遭［糟］蹋了可惜。年假是零碎的时间，没有大用处，故不可惜。况我在这里，平

时从来不请假，年底告两个礼拜的假，决无不可的。

（四）若不令耘圃带来，万一我暑假中不回来，便又须再等半年多，始可带家眷出来，岂不错过了个好机会？这种机会，不容易得，错过了似乎可惜。

这是我当初想托耘圃顺便带家眷的理由。如今吾母既不赞成，只好暂时作罢，耘圃一方面我已有信去，说明吾母望我自己回家之意。他来信说拟于端午节边来京。此时尚有两个多月，时候尽多，如那时我实在不能自己回家，再去托他与冬秀同来，也还不迟。

今天有一位丁先生的夫妇请我吃硬饭，丁先生是英国留学生，现在高等师范教书。他的夫人也是英国留学生（无锡人，他的母舅和我是朋友），现在女子师范教书。同席的有一位陶孟和先生是我的好友。还有位嘉兴的沈女士，是陶先生的朋友，现在差不多要和他订婚了。此外还有一位上海的沈女士，是女子师范的教员，是我的同学顾君（尚在美国）的聘妻，大家都是熟人，很可谈谈。

我在外国惯了，回国后没有女朋友可谈，觉得好像社会上缺了一种重要的分子。在北京几个月，只认得章行严先生的夫人吴弱男女士。吴夫人是安徽大诗人吴君遂（北山楼主人）先生的女儿，曾在英国住了六年，很有学问，故我常去和她谈谈。近来才认得上面所说的几个女朋友。可见中国男女交际还不曾十分发达。

今天是清明节，想家中必很忙。

聪儿昨天去看美术学校招考的榜，居然考取了第八名，我听了极欢喜。他不曾进过学堂，此次共考国文、算术、图画、历史、地理、理科六项，都是四五十日内赶补起来的，竟能考得很高，岂非可喜之事。此校于四月八日开学，学费很低。

聪儿去考的前一夜即是二嫂死信到的时候，入学校时有此绝大的纪念日，当可鼓励他用力上进了。聪儿在此颇勤谨。昨天我买了些外国窗纱回来，要叫裁缝做窗帘，他自己要拿去做，一切剪截缝绽都是

他做的。今天安上去，居然很合用。家中人听了，可不要笑他“男做女工，玷辱祖宗”呢！

一点钟了，我要睡了。

适儿　清明日

看下文（附加）

昨夜一点钟去睡，床上想了一夜，今再将心中所拟办法写在下面：

（一）如吾母病体见好一点，可以离开，则可令冬秀与耘圃同来，永侄亦可同来。但须先与耘圃商量停当。

（二）若单为带冬秀一事，要我自己于夏间回家，恐怕做不到。

（三）若吾母肯于夏间与冬秀同来北京，则我无论如何当亲来家一行。但在家只能住几天不能多住。

（四）若吾母自己不肯出来，冬秀又不能先来，则带家眷一事，可暂时作罢，等到冬天再说。

以上几条望吾母决定早日告知，最好是吾母肯于夏间与冬秀一同出来。

适儿　四月六日

——《胡适遗稿及秘藏书信》，第21册

致母亲

吾母：

今天得上海浩泽叔快信，知节公于廿三日去世，闻之悼叹终日。节公生不曾享一日福，今年七十，乃客死于外，甚可感叹。

我在家出外时，曾在晏公塘写信与节公，请他把生平事迹告我，以便替他作一篇寿序。 我从来不肯替人作这种文字。今因节公待我特厚，故不待人求，自请为之作寿序。后节公复信，已有肯意，不料其竟先死也，思之更加感叹。

二哥有信来，言路上吐血数口，将到浦口时，肚痛大作竟不能举步。幸同车有人替他雇人背至客栈暂息。次日始趁下午快车去上海，可谓苦极矣。

洪安有信来，言二嫂丧事，已由方招俊兄向程云卿（灶永）处借得些钱料理办好。已将棺材送到上海，想二哥赶到时，棺材已到上海了。

连日百忙中，所闻都是伤心事，可叹可叹。

今天第三次去教育部讲演，听者甚多。我还有一次讲演便完了。

今晚文科陈学长与我同席，席上力劝我暑假中不要回去。我说且等家中来信如何说法，再定行止。

适儿　四月七日

——《胡适遗稿及秘藏书信》，第21册

致母亲

吾母：

今天得第六号信，极喜。吾母肯令冬秀与耘圃同来，极好。我岂不知吾母此时病体不应令冬秀远离？但我在此，亦很寂寞，极想冬秀能来。此亦人情之常，想吾母定不怪我不孝也。至于他人说长说短，我是不管的。

家用与盘费，我当赶紧筹寄。耘圃方面，我已有信去，说冬秀暂不同来。今当另具信告知冬秀能同来之事。

至于永侄是否能同来，望母与秠嫂商量停当。如欲同来，可即由家中写信去托耘圃。如此时暂不出来，可等到冬间我自己回家时再带他出来。

今天很忙。不能写长信。但得吾母信后，心中很快乐。

适儿　四月十三

——《胡适遗稿及秘藏书信》，第21册

致母亲

吾母：

昨日写家信后，即在家编明天的讲写稿，突然来了南京的一位朋友，带来两个在北京的朋友，谈到晚上就在我这里吃晚饭，到晚上九点钟才去。我被他们担误我的工夫，只得从九点直写到半夜后两点半钟才写好。今天七点钟起来吃了四个鸡子，一碗豆腐浆，坐车到教育部会场讲“墨家哲学”的第四次讲演，足足讲了两点钟。我本只有三次讲演，因章秋桐先生不在北京，故延长一次。共四次讲毕。此项星期讲演专为普通人士设的，颇有功效。我的讲演，不但有许多少年男女学生来听，居然有一些老先生来听。所以我虽辛苦，却很高兴。

今星期日，无事。下午在家写讲义。

适儿　四月十四

——《胡适遗稿及秘藏书信》，第21册

致母亲

吾母：

昨日没有信。

昨日为美术学校开学之日，聪第一日上课。我看他颇能用功，将来的成绩定然不坏。

永久没有信来，想因学堂课忙之故。他现在住学堂内，两脚没有什么不便吗？甚念之。

可卿叔前允来带齐去，不知曾否办到，如他不曾来带，可写信去一问。

骐弟在余村上学，若有余暇，望叫他写信寄我。

我身体平安，略觉瘦了一点，想是因为劳苦之故，但并没有照相上那样瘦，那张照片，照得不很准，所以觉得更瘦了。吾母千万不要因此过虑。

这几天天气很暖热，春天又要过完了，日子真是快。

今天下午出城洗了一个浴。这几天忙得很，连洗浴的工夫都没有。

适儿　四月十六

——《胡适遗稿及秘藏书信》，第21册

致母亲

吾母：

这几天极忙，两天都到三点钟才睡，每天七点钟起来，故不曾写信。

前我得第五号家信言及吾母病状，我当时疑心吾母定有特别缘故，不令冬秀出来。因吾母前信从不曾说到病状，且此时冬秀尚在江村不曾召回。故我以为信中所说病状或系因为家中有特别原故，不便说明，只得托词吾母病状。以此故，当时并不曾想到吾母果然病重。因我心中以为吾母如果病重，定不令冬秀久居江村也。连日得江村信及近仁叔信，始知吾母病体果甚沉重，闻之极为挂念。吾母之病，近虽稍愈，然究竟不知如何情状。望下次来信详细告知。似此情形，若令冬秀远来，我心实不安，望吾母仔细斟酌，然后决定。如冬秀一时实不能离开，尽不必来京。且等到将来，再作计较。此系儿子心中实情，望吾母仔细筹算。筹算定后，早日告知，以便与耘圃商量。若母病未愈，我决不愿令冬秀此时来京也。

今天我到女子师班学校演说“美国的妇女”，演说了一点半钟。

晚见我在南味斋请了七位中国公学旧同学吃晚饭，到十点钟才回来。

胜之在此住了一个多月。我这里太冷静了，他住不惯，已于今晨坐京汉火车回汉口去了。

今天上午上了三点钟讲堂，下午又演说了一点多钟，晚间又有应酬，辛苦了，要睡了。

适儿　四月二十四日

——《胡适遗稿及秘藏书信》，第21册

致母亲

吾母：

今日得到第八号信，甚为欢喜。

所言各节，今分答于下。

永侄来京一节，秠嫂既已赞成，可由家中速与耘圃商妥，速即付信与我，以便加寄盘费。

冬秀来京一节，前函已说过，须俟吾母病好，实在可离开之时，始可来京。此事须以吾母病体为转移，吾母自斟酌之，然后决定，可使我放心。

如冬秀果能来，则盘费自当早日筹寄。但此时已三月半了，我当于十日内筹寄一笔款子来家。无论冬秀来与不来，此款亦必寄来，请吾母放心。

二哥现又有痔疮发作，久无信来了。

大哥棺材不知何时可到。思齐尽可不必在家久待也。

今天有一位朋友请我看戏，看的是名角梅兰芳的《玉堂春》。我自从回到北京直到如今，不曾看过一次戏，那因为太忙之故。胜之在京，我也没有工夫陪他游玩，心甚不安。好在他知道我很忙，故也不怪我。

吾母与聪之信已交与他，他现在天天上课，很能用功。

适儿　四月廿六

——《胡适遗稿及秘藏书信》，第21册

致母亲

吾母：

这两天有点小伤风，昨日人更不适意，今晨又好了。今天六点钟起来，忙了一天。晚上不高兴在家读书，坐了车出城，到会馆里拉了同乡章君去游新世界（北京新开的游戏场），看人打桌球，又看了两套戏法，又去听北方的大鼓书，南方的滩簧，到半夜才回来。我最不爱玩，今天实在不耐烦，故玩了一晚，倒觉得很高兴。

信写完了，也要睡了。

吾母现在病体如何？

耘圃有信来令我将款汇到芜湖一家钱庄转交，此法亦不错，一二日内即当汇寄现洋五十元与票洋六十元至芜，家用随后另寄，但须稍迟耳。过此一月后，家用一切，当按月抽寄。这几个月以来，因有意外的开支，故令吾母受窘，心甚不安也。

适儿

写到此地，仆人烫了两个生鸡子，我吃了也要睡了。

五月三夜

——《胡适遗稿及秘藏书信》，第21册

致母亲

吾母：

今日托芜湖胡开文寄上现洋三十元暂时应用，随时筹寄。

今日得第九号信，知吾母决意令冬秀出来，此皆吾母爱儿子、媳妇的好意，故肯如此安排。但望吾母病体春天后天气温和可以逐渐全愈，则我更放心了。

汝骐弟的信已收到。

五婶病死，儿竟不知。身后之事，自有他女家安排。二哥亦不曾提及。

昨日今日大雨可厌，北京最怕雨。一下雨。路便不可行了，车价贵至一倍多。

我这几天有点小伤风。前天出去买了一对九磅重的铁哑铃，回来做体操出了些汗，身体也爽快些。用心思的人若不运动身体，最易得病。这几天鼻孔尚不通，别的病都没有了。

适儿　五月十一

——《相适遗稿及秘藏书信》，第21册

致母亲

吾母：

这两天又天晴了。

听说绩溪县知事换了人了，这话确吗？

我有一双皮鞋，可叫冬秀带出来。

今年养蚕不多否？

五月三十日

前天写了边几行，因均无要紧话，故不曾寄去。

昨天在家一天到晚写讲义，没有出门。晚上因不爽快得很，故出城洗浴，回来时已九点钟了。又写讲义至半夜后两点钟始睡。今天上了四个钟头的课，刚才回来。二哥昨有信来，言痔疮已稍好，不久即挈儿女北来。

节公身后事，已有头绪。想家中已有所闻，故不细述。

这时天气已有点热了。此间太寂寞，闷得很，精神也不好。我又不喜欢出门看朋友，故格外无聊。北京的春天，天气真有点讨厌，我从来没过过这种讨厌的春天。

今天约了宅坦、虚臣先生的孙子觐侯君来吃夜饭。此人为幼晴兄之子，现在北京铁路管理学校读书，人极用功。

适儿　五月十五

——《胡适遗稿及秘藏书信》，第21册

致母亲

吾母：

前由芜湖寄三十元，已收到否？

昨日在家写了一天讲义。下午去看章行严先生的夫人吴弱男女士，谈了三点钟。这位夫人是中国女子中很难得的人物。她在英国留学了六年，很读了些书，却又极能治家，现有三个小孩子，都极可爱。

晚上在家正想做事，忽然疲倦了，倒在床上，便睡着了。一睡到十一点钟才醒。醒来又写了两点钟的讲义，方才睡了。

今天上午上了三点钟课，下午在家写讲义。晚上到人家去吃晚饭，主人是英国人，现做英国使馆的参赞。同席的还有两位英国人。饭后回来已十点了。写了这封信，也要去睡了。

适儿　五月十七

——《胡适遗稿及秘藏书信》，第21册

致母亲

吾母：

星期二晚上写了一篇文字，写到天明四点钟才完事。星期三坐火车到清华学校，因有约去彼演说故也。是夜演说后，即在彼住宿，星期间回来。此是这几天不曾写信的原故。

第十号信已收到，冬秀信也收到。

十号信所言节公款事，已由二哥在上海与他家商妥。此款不得作为摊帐之用，另由我立一折与节娘，每月一次起息，令抽拨以为节娘养老之费。望吾母将此意亲告节娘为要。但此事似不必传扬出去。近仁叔看信后，亦乞勿告外人也。

家用已寄三十元，已收到否？

盘费由芜直寄耘圃，据耘圃来信，已收到票洋六十元，尚有现洋五十元未收到，想此时已收到了。

大学前几天因中日密约事，学生全体去见总统，以致蔡校长有辞职之请。现已平复，蔡先生已不辞了。

大雨了两天，可厌之至。

我身体平安，望勿念。

适儿　五月廿四

——《胡适遗稿及秘藏书信》，第21册

致母亲

吾母：

今日得第十一号家信，甚喜。

永侄前月亦有信来，说今次所以不能来的缘故，说得很有道理。这孩子是很明白的，他日读书定很好。他此时在家调养，也是好的。等我冬间自己回来带他，也并不迟。前天晚上，我请大学中前次送贺礼的教员等吃酒。我因到京后极忙，故至今不曾请他们吃酒。现在学堂要放假了，再捱不下去了，只好请他们吃酒，花了六十块钱。会馆

中同乡我已请过了。那天晚上，因我是主人，客又多，所以喝酒多了一些，竟醉了。回家后大吐一场。我生平酒醉不曾吐过。此次竟大吐，想是多年不醉之故。第二天病酒，颇不适意。今天好了。从此以后，又要戒酒了，吾母请放心。冬秀等不知何时可到，现尚未接到电报。

我近来极忙，因学年将毕，有许多事要办了，故极忙，信也多日没有写了。过了六月十七，停课后想可休息几天了。

适儿　六月七日

——《胡适遗稿及秘藏书信》，第21册

致母亲

吾母：

冬秀们到了三天多了。冬秀病了一天就好了，但还咳嗽。耘圃病了两天了，两天都有寒热。昨天请医生看了，现在正吃药。他们都不是长［常］出远路的人，所以经不起辛苦。不过这都是时症风寒，不很要紧。

冬秀带来许多家乡食物，如茶叶、干挂豆、萝葡丝、笋衣、豆豉之类，都是吾母一人亲手安排料理的。我心里实在感激，吾母待我们如此之好。等过了几天，我们要把笋衣烧肉，篆笋炖肉，萝卜丝做塌果，请几个熟朋友来吃真正家乡菜可不好吗？

昨天我的课完了，总算过了一个学年。如今又是暑假期近了，此时正预备大考，考完了，月底便放假了。

昨天下午有几个朋友来看我们。两个是大学的教员陶先生和程先生，一个是大学会计课员郑先生，两个是女子师范教员丁夫人和沈女士。下午很闹热的。

吾母近来身体如何？望格外保重为要。

适儿　冬秀

六月十五日

——《胡适遗稿及秘藏书信》，第21册

致母亲

吾母：

现在冬秀与耘圃病都好了。

昨日有一位朋友蒋梦麟先生从上海来，我约他在中央公园吃晚饭。到了晚上，他来了，还带了位客，问起来始知是江苏教育总会会长黄进培先生。黄先生是当今教育界一个最有势力的人。我们几次想相见总不曾见着，今晚才遇着他，两人都很欢喜。后来谈起，他说明天要到东三省去。我问他可要到吉林省？他说是的。我因说先君曾在吉林做官，又曾到过边界上勘界。他问先人名字，我说单名一个传字。他忽然大惊道："原来令先生［君］就是铁花老伯！"后来问起，始知他的父亲是黄烊林先生，且前也在吴清帅幕府里，与先人熟。他常听见他父亲说起先人的学问才气，故还记得。此时谈起，方知我们原来是世交。他说"铁花老伯应该有适之兄这样的后人"。我听了这话，心里很欢喜。我在外边，人家只知道我是胡适，没有人知道我是某人的儿子。今次忽闻此语，觉得我还不致玷辱先人的名誉，故心里颇欢喜。

这几天因补编未完之讲义，又须应酬远来客人，故不得暇，有三日不曾写信了。想吾母身体安好，合家清吉为慰。今年北京极热，此时已穿夏布，不知南边气候如何？

适儿　六月廿日晨六时

——《胡适遗稿及秘藏书信》，第21册

致母亲

吾母：

前次本拟寄三十元，后以票价忽跌，故不曾寄。今日由开文汇上六十元，到日望写信告知。

此时大学已停课，我每日但在家补作讲义。每日往大学去一次，后天有一个考试，此后便更闲暇了，夏间招考在七月十五日，我须看英文卷子。此外便都是我看书的时间了。

冬秀在芜曾寄洋伞两把、席一条，想已收到了。

吾母此时身体如何？望格外保重为要。

冬秀、耘圃前有小恙，现在都好了。

我身体平安。

适儿　六月二十六日

——《胡适遗稿及秘藏书信》，第21册

致母亲

吾母：

这几天看卷子，三日看了九十七本卷子，又须办些杂事，故不曾写信。

我初以为停课后可以休息几天，谁知不然，连日正没有闲暇，又多无谓之客来，真令人忙煞。耘圃兄在此，我也不曾有工夫陪他去玩耍，连戏都不曾去看一次。

近正修改哲学史讲义，预备付印。

家中久无信来，想系因近仁叔太忙之故。平时可令汝骐弟写信，也是练习作文字之一法。此间人都平安，但天气已极热，前寄上之六十元，已收到否？

匆匆问

吾母安好。

适儿　七月三日

——《胡适遗稿及秘藏书信》，第21册

致母亲

吾母：

今天是六月六日，想家中此时正在吃包过节。永侄此时想已回家。暑假中无事，可叫他常写信来。

昨天晚上，我与冬秀同走中央公园，遇见两家朋友的家眷。同坐了一会，又向园里走了一遍，到了十点钟，方才回家。

这几天天气极热，不能做什么事，可厌得很。大哥棺材已到家吗？齐侄已出发可吗？稷兄病已较好否？

我去年曾有意带嗣逵出来。今念我自己不能回来，此事自不能办到。但闻嗣逵现吃鸦片烟，瘾很不小，此事可是真的？又据冬秀说，他今年曾假造我的信，请七都曹振国（城永）兄阅看。此事未免太不在道理之中。他应该有信来问我一声，不该假造我的信。他若在家，可叫他把那封假信寄来一看，看是谁写的。并可问问他是何用意。

适儿　冬秀

六月六日（7月13日）

——《胡适遗稿及秘藏书信》，第21册

致母亲

吾母：

吾村贞仲娘的儿子蕙生叔在京居住，于月初忽患重病，遍身发烧酸痛，发热而畏寒。卧床数日，势颇沉重。会馆中无人照应伏侍，故由同族生辉公、成亭叔等与我商议，把他送入首善医院。

入院已两日，病势未减。我今早亲去看他，据医生云，这是一种利［厉］害的热病，由于血管中有毒菌（菌即是微生物）所致。医生曾取血化验，想所云不误。现由院中用杀菌的药救治。但此时尚未见退热。前日已有信告知贞仲娘，不知已寄到否？如吾母有便，可亲自告诉贞仲娘，请她暂时放心。此间住医院之医药费用，已由生辉公与我等代为安排。住院费每日两元，药费另算。我们当为竭力医治，请他家中不必过于焦急。我是会馆中董事，又是同族，定当尽力为他照料。但此种病一时不能即见功效，家中人焦急，亦无益也。他病状如何，我当随时告知。

冬秀到京后，我叫她做阔头鞋放脚。现脚指已渐放开，甚可喜也。

二哥尚未来京。

此间人事平安。

适儿　七月十四

——《胡适遗稿及秘藏书信》，第21册

致母亲

吾母：

前信说贞仲娘之子蕙生叔之病状，现他的病已大有起色，热已退清，想不日当可起床，现尚在病院中调养医治，望转告贞仲娘，令其放心。

连日北京有大雨，天气骤凉，容易伤风。冬秀近有小伤风，头痛终日，但无他病，想不日可愈也。

永侄已回家否？可教他常写信来与我。

二哥现尚在川沙，尚未来京。

稷兄疾已好否？

吾母近来身体如何，家中大小平安否？

适儿　七月廿一

——《胡适遗稿及秘藏书信》，第21册

致母亲

吾母：

这几天大学招考新生，我要出题目，看卷子。每天九时到大学，下午五时始回来（饭也在大学里吃），故忙得很，把信都不曾写了，冬秀病还不曾好，仍旧是头晕。每日上午更重，下午见好些。

贞仲娘家的惠生，病已好了，现已搬出医院，在会馆中调养。

此间人多平安，请家中勿念。

匆匆，不能多写信。

适儿　冬秀

七月廿八日

——《胡适遗稿及秘藏书信》，第21册

致母亲

吾母：

昨日收到永侄的信，今天收到第十三号家信，一切都已知道。思齐出门尽管出门，何必因接馆材的事，遂把他担搁了，我的意思以为是先令齐出门去罢。

十三号信中言及吾母病状，读之甚念。望吾母格外节劳保重为要。家中来发既病了，人手缺乏，何不长雇一个人做事，可以代吾母与秠嫂两人之劳。吾母以为何如？

冬秀的病还不曾好，但尚不甚利［厉］害，饭食亦可少进一些，请家中勿念。

我这十几天也有点咳嗽，前几天咳嗽了。故昨日请西医验看身体，是否肺病。医生细验一过，说我的肺部一点病都没有。此次乃是外感，不用吃药，不久就会好了。我听了这话，心中便放心了。但两个鼻孔塞住了，讨厌得很！

这几天把第一场的卷子看完，故稍有工夫在家休息。我这个暑假不但不曾有休息的机会，并且比平常还要忙些。但夜间睡得稍早些，自冬秀来后，不曾有一夜在半夜后就寝。冬秀说她奉了母命，不许我晏睡。我要坐迟了，她就像个蚊虫来缠着我，讨厌得很！

此间有三个学生同居，一个是江村人，两个是繁昌县人，都是来考北京大学的，此次有祥棣叔之孙思域在上海投考，已有信来。但此时上海的卷子尚未到，不知能取否。

蕙生叔之病已好了，但体气尚弱，未能复原。前日他已能出门，坐车来吾家申谢。我看他两手尚有点发抖，劝他安心调养。因把家中带出来的笋衣、干挂豆、豆豉等送了他一些，大概他的病已无大碍，可告诉他家中不必挂念也。

这一个月中太忙了，故家信写得很少。此后定可多写信了。

二哥尚未来京，耘圃兄暂定下月初（七日）回南。

适儿　八月三日

——《胡适遗稿及秘藏书信》，第21册

致母亲

吾母：

耘圃兄于明日（七月八日）回南，我们托他带上阿胶四斤、花子一包、药物一包、棋子一盒。

二哥昨有邮片来，言痢疾已稍止，但体尚弱耳。想已无妨，家中尽可放心。

冬秀病近日略好些。耘圃兄到吾家来时，当可面告一切。

我近来身体平安，家中不必挂念。

当此夏令，望吾母病体格外保重。

适儿　冬秀

八月十三日

——《胡适遗稿及秘藏书信》，第21册

致母亲

吾母：

秬圃前天早晨动身，七月十六七日可以到家。他此次来京，本想谋点事做，但京中寻事真不容易。他有许多亲戚本家，做议员的、做将军的，尚且不能帮助，何况我这个“教书先生”，我早已同他说过，他要谋事，是做不到的。故他想不致怪我不替他帮忙。

祥棣叔之孙思域前有信来，说要在上海投考，不知何以不曾去考。我现查上海报名册上，竟没有他的名字，也没有他的卷子，不知何故？望吾母问祥棣叔一声。

冬秀病尚未好。

聪昨有信来，说二哥病已好了，猷侄病也渐退。

我身子平安。

适儿　八月十六

——《胡适遗稿及秘藏书信》，第21册

致母亲

吾母：

昨天收到十四号家信，一切都知道了。

我的伤风早已好了，请吾母不要挂念。冬秀近日时时呕吐，但食量还好。

家信中所说劝仙舫姊夫续娶一节，我是不做的。他自己不肯再娶，想必有他的道理，何用旁人劝他？我最不爱劝人娶妻。我不但不劝人娶妻，还劝人不要娶妻。

大学于九月十号开学。

家用本月内一定筹寄。

适儿　八月廿四

——《胡适遗稿及秘藏书信》，第21册

致母亲

吾母：

前天永来信，说巧菊姊死了，听了很使我叹气。我们这几年死了多少亲眷骨肉，想起来真使人不能不叹气。

永又说骐弟今年考得很好，我很高兴。

前天聪从上海回来，说二哥病已好了，小孩子们也都好了。

今日由芜湖汇上三十元，暂应家中急用。

此时时局危急得很，北京市面坏极，票价跌到六四四折，故不能多寄钱。下月底定可多寄钱来。

冬秀头晕呕吐，连日略好些。

我的身体很好。

适儿　九月一日

连日因第二次补考，故极忙。

铭彝兄尚在家否？

——《胡适遗稿及秘藏书信》，第21册

致母亲

吾母：

前天汇上三十块钱，想不久就可寄到了。

今天（九月初四）是选举大总统的日子，总统已举出，是徐世昌。今天居然没有闹什么乱子，京城太平无事，可称侥幸，家中尽可放心。

今天冬秀略好一些，下午坐了车去看他的娘舅及小姨去了。冬秀来京后竟不曾去看过他的亲眷。他前后共总出了三四次大门。

这都是病的缘故。

聪今天上课了。

大学改期九月廿三日上课，我身体平安。

适儿　九月四日

冬秀的病实在不很要紧，大概是“病儿”，请吾母不要记念着。

——《胡适遗稿及秘藏书信》，第21册

致母亲

吾母：

昨日收到芜湖开文来信，知所寄的三十元已收到了。不知此款已到家吗？日内再当筹寄三十元，不久就可寄上。

冬秀病还是与从前一样，呕吐略好些。

二哥还不曾来京。

我身体平安。

吾母近来身体如何？病已不复发否？

家中大小想都平安。

适儿　九月十日

——《胡适遗稿及秘藏书信》，第21册

致母亲

吾母：

前天在西山寄了一信。我在西山住了五日，日日爬山，面色也晒黑了，精神也更好了。今日因大学有事，故回来了。

冬秀近来身体也见好些。

昨日冬秀转寄来家信第十五号。信上说吾母病已不很常发。秠嫂气痛已好，永侄脚病已十去其八，我们读了很喜欢。

信上又问冬秀病妊是否可信。此时已过了三个多月，大概可信。但我们都是没有经验的，故不敢十分决定。

前买的阿胶价每斤一元。此项阿胶是上品的，故本来有玻璃匣，并非是我们故意装匣的。

吸毒石是何种物事，且待向药店中问去。如有，当买来寄上。

适儿　冬秀

九月廿日

——《胡适遗稿及秘藏书信》，第21册

致母亲

吾母：

我从西山回来已有个礼拜了。身体很好，精神也还好，冬秀这半个月来已不呕吐，精神虽不很好，但没有甚么病。吾母尽可放心。

大学因新屋一时不能搬好，故须至十月二日始上课。

我今年每礼拜只有十点钟工课。课虽不多，但仍旧是很忙的。因为我喜欢干预这样那样，故事体很多。

二哥说不久即可来京。他现在还没有事做。聪已上课。

现在时局很不好。昨日津浦铁路又断了。江苏恐即有战事，恐怕这封信不能就到家罢。

适儿　九月廿七日

——《胡适遗稿及秘藏书信》，第21册

妻儿篇

一九一一年

致江冬秀

冬秀贤姊如见：

此吾第一次寄姊书也。屡得吾母书，俱言姊时来吾家，为吾母分任家事。闻之深感令堂及姊之盛意。出门游子，可以无内顾之忧矣。吾于十四岁时，曾见令堂一次，且同居数日，彼时似甚康健，今闻时时抱恙，远人闻之，殊以为念。近想已健旺如旧矣。前曾于吾母处，得见姊所作字，字迹亦娟好，可喜，惟似不甚能达意，想是不多读书之过。姊现尚有工夫读书否？甚愿有工夫时，能温习旧日所读之书。如来吾家时可取聪侄所读之书，温习一二。如有不能明白之处，即令侄辈为一讲解。虽不能有大益，然终胜于不读书坐令荒疏也。姊以为何如？吾在此极平安，但颇思归耳。

草此奉闻。即祝无恙。

胡适手书　四月廿二日

——《胡适遗稿及秘藏书信》，第21册

一九一四年

致江冬秀

冬秀姊如见：

顷得了书，喜慰无限。来书词旨通畅，可见姊近来读书进益不少，远人读之快慰何可言喻！

岳母病状闻之焦思不已，不知近已稍愈否？适另有一函，问岳母安好，乞姊转致为盼。令兄嫂及令叔处，均乞代为寄声问好。

来书言放足事，闻之极为欣慰，骨节包惯，本不易复天足原形，可时时行走以舒血脉，或骨节亦可渐次复原耳。

近来尚有工夫读书写字否？识字不在多，在能知字义。读书不在多，在能知书中之意而已。

新得姊之照片（田间执伞之影）甚好，谢谢。

匆匆奉复，即祝无恙。

适白　四月廿八日

——《胡适遗稿及秘藏书信》，第21册

致江冬秀

冬秀贤姊如见：

前由家母转交照片三种（一大二小，小者乃六月内所寄），想皆

已收到。适留此邦已四载，已于去秋毕业。今已决计再留二年，俟得博士学位时始归，约归期当在民国五年之夏矣。适去家十载，半生作客他乡，归期一再延展，遂至今日，吾二人之婚期，亦因此延误，殊负贤姊。惟是学问之道，无有涯矣。适数年之功，才得门径。尚未敢自信为已升堂入室，故不敢中道而止。且万里游学，官费之机会殊不易得，尤不敢坐失此好机会。凡此种种不能即归之原因，尚乞贤姊及岳母曲为原谅，则远人受赐多矣。适去家日久，家慈倚闾之思，自不容已。幸贤姊肯时时往来吾家，少慰家慈思子之怀、寂寞之况。此适所感谢不尽者也。前曾得手书，字迹清好。在家时尚有工夫读书写字否？如有暇日，望稍稍读书识字。今世妇女能多读书识字，有许多利益，不可不图也。前得家母来信，知贤姊已肯将两脚放大，闻之甚喜。望逐渐放大，不可再裹小。缠足乃是吾国最惨酷不仁之风俗，不久终当禁绝。贤姊为胡适之之妇，正宜为一乡首倡。望勿恤人言，毅然行之。适日夜望之矣。适在此起居如意，名誉亦好，可慰远念。姊归江村时，望代问岳母起居，及令兄嫂、令叔暨诸人安好。

匆匆不尽欲言。即祝无恙。

适手书　三年七月八日

——《胡适遗稿及秘藏书信》，第21册

致江冬秀

冬秀贤姊如见：

夏间得家慈寄来小影一幅。得之如晤对一室，欢喜感谢之至。适去国四载又半，今尚须再留此一年半，约民国五年之秋，可以归国。

每念去国日久，归娶之约一再延误，何以对卿。然适今年恰满廿三岁（以足年计），卿大于适约一岁。再过二年，卿廿六岁，而适廿五岁，于婚嫁之期未为晚也。西方男女嫁娶都迟，男子三十四十始婚者甚多。以彼例此，则吾二人尚为早婚耳。岳母大人近想康健如常，乞时代适问安为盼。令兄嫂处亦乞致意问好。适前有书，嘱卿放足。不知已放大否？如未实行，望速放之。勿畏人言。胡适之之妇，不当畏旁人之言也。

适之　十二月十二日

——《胡适遗稿及秘藏书信》，第21册

一九一六年

致江冬秀

冬秀如见：

此信寄到之日，不知汝尚在吾家否？汝若能在吾家多住几个月，何妨多住几个月。吾母亦很寂寞，有汝作伴，既可稍减吾母之忧心，而我亦感汝之情不少矣。

我今年竟不能回来，想汝能原谅我所以不回之缘故。我很盼望汝勿怪我迟迟不归，亦勿时时挂念我。怪也无用，挂念也无益。我何时事毕，何时便归，决不无故逗留也。

汝家中兄嫂及其他尊长如问及我时，可以上文所说告之。总之，我归家之时已不远。家中人能等得十年，岂不能再等一年半年乎？

此寄相思，即祝珍重。

适　七月廿七日

——《胡适遗稿及秘藏书信》，第21册

致江冬秀

冬秀姊如见：

适于未归国以前，曾有一书奉寄。后因有便船，遂改早三星期，于阳历六月十五日起程归国。已于阴历六月初九到家。本已与子隽丈

约好在芜湖结伴同归。及到芜时，子隽丈适有微恙，适坚乞其暂留芜将息。适以急于欲归，故遂先行。亦不及待令兄仁圃之至矣。归后始知姊有微恙尚未痊愈。闻之深以为念。甚望此时已早痊愈。适本意欲来江村一行，既可与姊一见，又可探问病状。惟尊府此时令叔及令兄皆尚未归，或有不便。故先草此书告知近状。俟子隽丈与仁圃兄归时，当再约期来游江村。行装初解，一切皆极匆匆。即祝病后珍重。

尊府诸亲长处均乞寄声问好。

胡适白　六月十一晨（7月29日）

——《胡适遗稿及秘藏书信》，第21册

致江冬秀

冬秀姊如见：

适到家后，即有书寄尊府，后以久不得尊府复书，不能久待，遂匆匆出外，周游各地，至廿九日始归。归时闻家慈言，始知尊府已有使者来过。又知姊病状尚未全愈。适已定期七月初十左右出门。此时族中又有纷争之事，一时实未能来江村。因此，家慈特奉恳定达姑婆亲到尊府，一则代询病状，二则托其代邀姊来舍间小住二三日。如姊此时能胜轿行之劳，甚望勉强与姑婆同来，能于初三日来更好。若初三日不能来，初五日亦可，无论如何，终乞尊府即赐一回信。匆匆草此，不能尽所欲言。想姑婆定能面述一切也。

尊府诸亲长均此致意，不一一。

胡适敬白　七月初一日（8月18日）

——《胡适遗稿及秘藏书信》，第21册

致江冬秀

昨日之来，一则因欲与令兄一谈，二则欲一看姊病状。适以为吾与姊皆二十七八岁人，又尝通信，且曾寄过照片，或不妨一见。故昨夜请姊一见。不意姊执意不肯见。适亦知家乡风俗如此，决不怪姊也。

适已决定十三日出门，故不能久留于此，今晨即须归去。幸姊病已稍愈，闻之甚放心。望好好调养。秋间如身体已好，望去舍间小住一二月。适现虽不能定婚期，然冬季决意归来，婚期不在十一月底，即在十二月初也。匆匆将归去。草此问好。

适　七月初八（8月25日）

——《胡适遗稿及秘藏书信》，第21册

一九一八年

致江冬秀

此信到时，铭哥想已动身了。如不曾动身，可把此信与他看。途中因浩泽叔侄相争事，我们出为排解，担搁了大半点钟。到旌德县城时，天已大雨，轿夫全数不肯抬了。旌德县全城，因财政局改组事，有许多绅士往来，竟叫不出一顶轿子（耘圃与月波先生均以此事来城）。没有法子，只好住一夜，明日再赶路。现住大顺店内，大家都平安。此次轿夫大可恶，须叫六来申斥一顿。他借的五百文也不曾扣除。他自己并没来。

适（1月下旬）

——《胡适遗稿及秘藏书信），第21册

致江冬秀

昨夜（十二月十七）为新婚满月之期，在夜行船上，戏作一词，调名“生查子”，以寄冬秀。

前度月来时，你我初相遇。

相对说相思，私祝长相聚。

今夜月重来，照我荒洲渡。

中夜睡醒时，独觅船家语。

适（1月30日）

——据原件

致江冬秀

冬秀如见：

今天早晨梦见母亲有病。我虽不迷信梦境，但心里总有点不放心。故写信与你，请你时时写一封信来，老老实实的说母亲的身体如何，使我好放心。

你自己的病，可好了没有？昨天我看见一书上说，女子月经来时，切不可有发怒、忧郁、气恼诸事。我想你前两月不痛经是因为心事宽了之故。本月又痛经，想是因为心事不宽之故。下月月经将来时，可先扫除一切心事，再看还痛不痛。无论如何，望你写信时，也细说自己身体如何。

千万要写信，不可忘记。

适　二月七日

——《胡适遗稿及秘藏书信》，第21册

致江冬秀

冬秀：

我从前有信要你写信与我，何以至今无信来？

这个月月经来时，还痛经吗？望你写信告我。

我那个病，现在正在医治。并不用药，只用外治的法子。这法子是很可靠的，你可放心。

千万写信寄来。

适　二月廿五日（元宵）

——《胡适遗稿及秘藏书信》，第21册

致江冬秀

冬秀：

前次写的信很好，我读了很喜欢。能多写几封，我更欢喜了。

你到江村以后，可以常常写信来与我。

名片尽可不用，怕旁人说你摆架子。

新坟清明诗也没有心思去做。我近来忙得很，常没有睡觉的工夫。

你看见你的照片了，可好不好？你若写几封信与我，我便替你多印几张回家去送人。

回江村时，请你代我致意问候子隽丈、仁圃兄、及益三、小轩诸位。

至于病的一层，你可放心。我听你的话，不医了。且等你我同来北京时，再说罢。

你自己要保重身体，莫想着我。

适　三月六日

你的照片现在我的书桌上，和母亲的照片装在一起。

——《胡适遗稿及秘藏书信》，第21册

致江冬秀

冬秀：

昨天收到你的信，甚喜。信中有好几个白字，如“事”当作“是”。“座”当作“坐”。“记”当作“这”。又“你”字、“听”字也写错了。下回可改正。

你的哥哥说五月间来游北京。他若真能来，可托他把你带来。若能这样办，我就可以不回家了。我今年夏天忙得很，能不回来最好。我已把这话同母亲及你哥哥说了。若是这样办，你可早点同你哥哥来，不用等到阴历五月底了，岂不更好吗？来往盘费须由我出，望你劝你哥哥不要客气。

今天我已看定了一所房子，共有十七间，地方离大学很近。我已付了定钱，大概二十日内可以搬进去住。

我听说你身体好了，心里很欢喜。我身体很平安，你不要挂念。

你在江村何时回去？没有事时，可以多多的写几封信与我。

适　三月十三日

——《胡适遗稿及秘藏书借》第21册

致江冬秀

冬秀：

你为何不写信与我了？我心里很怪你。快点多写几封信寄来罢。今夜是三月十七夜，是我们结婚的第四个满月之期，你记得么？我不知你此时心中想什么。你知道我此时心中想的是什么？

我想你若来京，还该把思永带来，可使母去与秠嫂在家格外要好些，若不带他来，秠嫂定然心中怪我与你，定使母亲在家不好过。我这话你看对不对？

我昨夜到四点多钟始睡，今天八点钟起来，故疲倦了，要去睡了。

适　三月十七日

窗上的月亮正照着我，可惜你不在这里。

——《胡适遗稿及秘藏书信》，第21册

致江冬秀

冬秀：

今日收到你的信，心里很欢喜。你为我医病心里着急。我早已依了你的话不去医了。医生也说我并没有病，养养就好了。你不用着急。

这几天很忙，昨晚写文章到三点半钟才睡，今天八点钟又起来了。

适　三月十七日

——《胡适遗稿及秘藏书信》，第21册

致江冬秀

冬秀：

昨夜二哥得川沙电报，说二嫂病危，已不能说话了。今天又得电报说二嫂已死了。二哥决定后天动身回南。

家门真正不幸。我回来之后，死了一个侄儿，又死了一位嫂嫂。最可怜的是二哥的三个小儿女，一个顶小的只有六岁，真不知如何安顿。

今天我在教育部演讲“墨子哲学”，来听的约有五六百人。内中有二百人是女学生。可见近来北京风气开了，比起十年前来，大不相同了。

下午到女子高等师范学校去看一位沈女士，谈了一点钟。这位沈女士是我的同学顾君的聘妻。现在师范学校教音乐。因有朋友介绍，故去看他一次。

寄上照片两张。一张送耘甫，一张送子隽叔。你自已的一张，我寄到家中去了。

适　三月廿一

——《胡适遗稿及秘藏书信》，第21册

致江冬秀

冬秀：

今天收到你从江村寄的信，我很欢喜。信里有几个错字，“体”不是“保”。“襄”不是“裹”。“是”不是“事”。“紧”不是“繁”。“谈”不是“淡”。“动身”不是“动生”。“叫轿”不是“教轿”。望你下回改正了。

你哥哥得了一子，可贺可贺，望你替我贺贺你哥哥嫂嫂。

我前在信中要想请你哥哥来京时把你送来。不知他真能来么。你若能同他来，便可不等到五月了。岂可［不］很好。

我已租了一所新屋，预备五六日内搬进去住。这屋有九间正房，五间偏房（作厨房及仆婢住房），两间套房。离大学也不远（与江朝宗住宅相隔一巷）。房租每月二十元。

我身体平安，你可放心。

适　三月廿七夜

——《胡适遗稿及秘藏书信》，第21册

一九一九年

致江冬秀

昨寄一片，想收到了。

我们昨夜在旌德县只叫得出一把轿子。今晨我坐了先行。又向耘圃兄等借得两把轿子，一把抬永与敬，一把抬行李，其余二哥与聪等步行至三溪换轿，我先到三溪，会见子隽叔与泽涵弟。泽涵弟轿担都已齐备，就同行。今夜歇考坑，明夜可到平堂勘，后日（十一）可到芜湖。

适　一月十三日

——《胡适遗稿及秘藏书信》，第21册

一九二一年

致江冬秀

我昨晚到上海，一切平安。车中我一个人独占了一个包房，很舒服，车上又遇见许多朋友，很不寂寞。

今天大概可以移居汪宅。有信可仍寄亚东转。

二哥已去割治否？小孩子怎样？

请你谢谢泽涵到车站送我，他也许已走了。

适 十，七，十七

——《胡适遗稿及秘藏书信》，第21册

一九二三年

致江冬秀

冬秀：

我廿一日在天津过夜，廿二日南下，车上遇着熟人，一路非常方便，睡觉也很好。车上一时大意，被房门轧伤了手指，去了两块皮，流了一点血。但车上有人带得橡皮膏，又有纱布，扎好了，便不妨事了。

廿三日晚十点半到上海，叔永、经农、高梦旦、王云五在车站接我。现住在叔永家中。一切平安，请勿念。

任太太的女孩子很好玩，他很爱你送她的罗汉。

适　（4月28日）

——《胡适遗稿及秘藏读书信》，第21册

一九二四年

致江冬秀

冬秀：

今早到了，一切平安。

昨晚七点十五分到奉天，有奉天的满铁事务所长吉武君来迎接，引到一家纯粹日本式的餐馆去吃饭，吃的是日本饭菜。吉武君知道我不懂日本情形，教我入门脱鞋，入室并脱拖鞋。吃饭时，他叫了个日本艺妓来，作一种日本舞，有别一个妓女弹三弦琴和之。这还是中国古代唐、宋朝代的遗风，在中国久没有了。九点二十分上车，今早八点半到大连。天气很凉快，一点都不痛苦。

在没有到大连之前的前四站，即有中国代表四人上车来欢迎；前二站又有二人上来欢迎，使我很不安。

到此后，有许多日本人及中国人在车站欢迎，同到大和旅馆。接着便是日本报馆访员多人来，照相的来，忙的我不能吃早饭了。

后来我没有法子，只好请他们下午再来，我饿的要吃早饭了。早饭后，他们已把医生户谷银三郎请来，给我作诊察。他诊察很仔细，他说一次诊察还不够，须作第二次诊察。约了下星期二上午再诊一次。

祝你们大小都好。

适　十三，七，廿五晨

——《胡适遗稿及秘藏书信》，第21册

致江冬秀

冬秀：

今午寄一长信，但误用了中国邮票，不知收到否？据旅馆人说，寄是寄出的，但到时须加倍罚邮票。你若收到“欠资”信时，那是我寄的，我很平安。

适　十三，七，廿五，下午六时

——《胡适遗稿及秘藏书信》，第21册

一九二五年

致江冬秀

车上熟人甚多，颇不寂寞。请放心。此时一切平安。

你要留心你的病，我很担心。

有信寄武昌师范大学杨金甫先生转。

适之　1925年9月25日

——《胡适遗稿及秘藏书信》，第21册

致江冬秀

今早九时到汉口，王雪艇、杨金甫等许多朋友都在车站接我们。十点过江，住在郭复初先生家里。一路平安。你好了吗？

适之　（9月25日）

——《胡适遗稿及秘藏书信》，第21册

一九二六年

致江冬秀

冬秀：

走了一半路了。还有三天半就到莫斯科了。

今早睡不着觉，想到我们临分别那几天的情形。我忍了十天，不曾对你说；现在想想，放在心中倒不好，还是爽快说了，就忘记了。

你自己也许不知道我临走那时候的难过。为了我替志摩、小曼做媒的事，你已经吵了几回了，你为什么到了我临走的下半天还要教训我，还要当了慰慈、孟录的面给我不好过？你当了他们的面前说，我要做这个媒，我到了结婚的台上，你拖都要把我拖下来。我听了这话，只装做没有听见，我面不改色，把别的话岔开去。但我心里很不好过。我是知道你的脾气的；我是打定主意这回在家决不同你吵的。但我这回出远门，要走几万里路，当天就要走了，你不能忍一忍吗？为什么一定要叫我临出国还要带着这样不好过的影象走呢？

我不愿把这件事记在心里，所以现在对你说开了，就算完了，你不怪我说这话吗？你知道我个人最难过的是把不高兴的事放在心里。现在说了，就没有事了。

志摩他们的事，你不要过问。随他们怎么办，与我家里有什么相干？

有些事，你很明白；有些事，你决不会明白。许多旁人的话都不是真相。那回泽涵、洪熙的事，我对你说了，你不相信。我说你不明白实在的情形，你总不信。少年男女的事，你无论怎样都不会完全谅解。这些事，你最好不管。你赞成我的话吗？

我不是怪你。我只要你明白我那天心里的情形，就够了。我若放在心里不说，总不免有点怪你的意思。所以我想想，还是对你说开的好。

适之　道中　十五，七，廿六

——《胡适遗稿及秘藏书信》，第21册

一九二七年

致江冬秀

冬秀：

我今天哭了女儿一场，你说奇怪不奇怪。

我这几天睡少了，今天下午无事，睡了半点钟。梦里忽然看见素菲，脸上都是面［病］容。一会儿就醒了。醒来时，我很难过，眼泪流了一枕头；起来写了一首诗，一面写，一面哭。忍了一年半，今天才得哭她一场，真想不到。

我想我很对不住她。如果找早点请好的医生给她医治，也许不会死。我把她糟掉了，真有点罪过。我太不疼孩子了，太不留心他们的事，所以有这样的事。今天我哭她，也只是怪我自己对她不住。

我把这首诗写给你看看。

见通伯、叔华时，把此诗给他们看看。整整一年不作诗了，谁知却是死了的女儿来破我的诗戒！

我昨天第一次在哥仑比亚开讲，很有意思。

礼拜三晚上（二月二），一个旧同学请我吃饭；他们有一男一女。他夫人说起，他们的女孩子病了两年多，现在好了，一年之中添了十六磅重。但她身体还不很强壮，只送她在一个私立学堂里去，每天只做半天的工课，就回来休息。后来我们吃饭时，两个孩子都醒了。女孩子在床上喊妈妈去，说："要看看胡适。"我去见她，她不过八岁，坐起来喊我。我心里很感动。大概今天梦里见着女儿，也是那天留下的影象。

我两星期后到哈佛去，行止还不能十分决定。大概四月的船期不

能改了，四月十二开船，月底可到家。

祝你们好。

适之　纽约，十六，二，五

眼泪也是奇怪的东西，你记得，我母亲死后，我接到电报，手直抖，但没有眼泪。后来走到路上，在饭店里，忽然哭了。到中屯，进外婆家的门，方才大哭。

前年在上海，读法国科学家柏斯德的传，忽然掉了不少的泪，手绢都湿了。

素菲

梦中见你的面，
一忽儿就惊觉了。
觉来终不忍开眼，
明知梦境不会重到了。

睁开眼来.
双眼迸堕。
一半想你，
一半怪我。
想你可怜，
想我罪过。

“留这只鸡等爸爸来，
爸爸今天要上山来了。”
……
那天晚上我赶到时，
你已死去两三回了。

……

病院里，那天晚上，

我刚说出“大夫”两个字，

你那一声怪叫，

至今还在我耳朵边直刺！

……

今天梦里的病容，

那晚上的一声怪叫，

素菲，不要叫我忘了，

永永留作人们苦痛的记号！

（十六年二月五日，梦中见女儿素菲，醒来悲痛，含泪作此诗。忍了一年半的眼泪，想不到却在三万里外哭她一场。）

——《胡适遗稿及秘藏书信》，第21册

一九二八年

致江冬秀

冬秀：

洪安回来，说起你们吃的苦，我很不好过。希望你们一路上顺顺溜溜的到家，没有这样的困苦了。

这几天天气很好，我很替你们高兴。

钱已托卓林先汇两百，由石恒春送上。

慰慈送了一百元来，连桌子在内，我收了。

丁太太又来请我去讲演，我已答应了，定廿五日与祖望去苏州，廿六（星期）下午回来。

从你走后，我把那篇《红楼梦》写好了，共写了一万六千字，三夜都到两三点钟才睡，真对不住太太。昨夜早睡了。

祖望寂寞的很，第二天晚上哭了，幸而那天思敬、法正都回来了，法正取入大夏中学，就暂时住在我家里，每天早去晚归。祖望晚上也有个伴。

小三怎么样？他喜欢家里吗？

我的肚子从你走那天起，有点作痛，痛了四天，今天可以说是全好了。

士范的信要赶紧寄去，因为陈聘丞来说，他有信给士范，叫他出来到建设厅帮忙。也许他［收］到的信后就要出来了。

如士范不能来，你可以同近仁商量决定图样。如新买的地可以葬四棺，那就把祖父母与父母合葬，也好。合葬可以省不少的钱与工夫。

千万不要请什么风水先生。如果六婶七婶要请风水先生，只如让他们去葬祖父母，我们大可以不必管此事。秀之回家了没有？他没有来见我。

我很想念你们。祝你们都好。

适之　正月廿九日

记泽叔来过了。房屋的事，由卓林与他议定，除已借一百廿元外，作为二百五十元，把此事清了。

——《胡适遗稿及秘藏书信》，第21　册

致江冬秀

冬秀：

老杭今天回来了，我们有菜吃了。徐太太与你家小姨，怕我们饿死在替工厨子手里，常常送菜来吃，可感之至。

我这几天肚子好了，饮食如常了。

明早与慰慈、祖望同去苏州，大后天（廿六）回来。

祝你们都好。

小三喜欢徽州吗？

适之　十七，二，廿三（二月初三）

——《胡适遗稿及秘藏书信》，第21册

致江冬秀

冬秀：

路上发了三个邮片，都收到了。但还不曾收到你到家的信。

运棺材的水客名胡成德，是宅坦人。他今天来取了六十元去，后天动身，到家后再向你取六十元。一切都在内，包抬送到家。

秀之今天到了。他不久就要回家。他想独立做生意，要我借他一点资本。我告诉他，我绝对不能帮忙。

圭贞也来了，她明晚动身回北京去，入京师大学理科，明年可毕业。

耘圃有信来，说希望我替丕莹在商务寻个事，又替他自己寻个事。我回了一信，劝他把丕莹送入绩溪县立中学读两三年书。我没有说起帮助他。他若对你说起，我望你答应他，每年帮助一部份的学费。

他自己的事，我此时没有办法。我不曾荐一个人给南京政府的任何机关局所，我也告诉他了。我回的信很长。

我同祖望于廿四日往苏州，住在丁太太的学堂内，他们待我很好。但三十点钟之内，我演说了六次，真干不了！

廿六日去游邓尉山，那天是星期，轿子都没有了。我们走上山，丁太太姊妹都走不动了，我也倦了。还有一位史监督，也倦了。在元墓山的庙里等候轿子，直到天黑，轿子方才回来。抬到光福镇，一家旅馆都找不到，后来住在一家坏旅馆，勉强过了一夜。廿七日，汽油船来了，赶回苏州，下午回上海。这时总算吃了三天苦头。

新六的老太爷病的很厉害，恐怕不好。

祖望很好，这回游苏州，我吃了苦，他却很高兴。廿五日他跟丁大哥去上了一天课，他很喜欢那学堂，先生们也喜欢他。下学年似可以把他送到苏州去上学。你看何如？

祝你好。

适之　十七，二，廿九

——《胡适遗稿及秘藏书信》，第21册

致江冬秀

冬秀：

到家后的信收到了。

我已有三封信给你了，都收到了吗？

汇款实在有点不方便，已托亚东设法再汇二百元。如不得已时，可先借钱用。屯溪向有交通银行，现在已收歇了。

徐老太爷于十一日死了，十三日大殓，我去吊过。他们家事很复杂，妇女之间很多问题，不容易收拾。老头子由肾病死的，其实是花柳病的根子，他不肯直说，故后来没有法子了。（我听陈叔通说的。不可告他人。）

孟录搬进新房之后，也大病了，是伤寒病。今天我打电话去问，说好一点了。

丁太太来信说，陪我们游山回来之后，也病了。

寄上游邓尉山照相二张。内中有王小姐，杨荫榆，丁太太姊妹，都是你认得的。

祖望今天阴历生日，要我请他看戏，我请万孚、法正同他去了。

我也有点不舒服，有点头痛。

适之　三月六日

——《胡适遗稿及秘藏书信》，第21册

致江冬秀

冬秀：

士范的图样收到了，我看很好。请你照这样子做，就行了。

墓上似可不必别撰碑文，只用我前交给你的碑文式，就够了。请你同近仁谈谈，行不行？如另需碑文，请赶早告诉我。此坟即系祖父母与父母合葬，碑文不大好做，倒不如用我那种简单的碑志格式。

阿翠的事，请你自己斟酌看。我在外面，有什么法子可以决定？你也不必为她生气。年轻的人不懂世事，请你劝劝她。这个世界是不容易住的，有皮［脾］气的人总要吃苦。做媳妇固然不易，做妻子也不容易。我们最好此时暂不回绝祥钧叔，等你带他出来再谈，你看如何？

我的肚子早好了；喉痛了两天，我托万孚去买了一瓶福美明达，一盒六神丸，两样同时吃下去，明天就好了。这几天，天天下雨，昨天脚背上又发风气，我勉强穿了皮鞋去看新六，走了不少的路，皮鞋一天不曾脱下。晚上脚背痛的很，有点红肿；我用酒精和湿药水擦了一会，今好多了，但还不能穿皮鞋。

儿子阴历生日，我请他去看戏。阳历生日，我答应送他几部小说。

钱已嘱孟邹赶寄了。

适之　十七，三，十

——《胡适遗稿及秘藏书信》，第21册

致江冬秀、胡思杜

冬秀：

昨天孟邹说，已写信到绩溪县，叫啸青（姓陈，亚东芜湖分店管事，现在家）专人送贰百元给你了。收到之后，请回一信。

士范说，他路过石恒春，已嘱他们先送一百元给你应用。

士范昨天来，谈了半天。今晚我请他们在我家吃便饭，仰之烧了一只锅，亚东来了五个人，他们刚走了不多一会。

我的脚背红肿，前天（礼拜六）我怕是肿毒，请黄钟先生来看，他说可以消去，不叫他出头。他打了一针，又开了一样外敷的药。昨天（礼拜）肿消了不少。今天是孙中山生日，故不用去上课。明天大概可以出门上课了。你不要挂念。

适之　十七，　三，　十二

小三：

家乡好玩不好玩？

你玩了什么地方？

你想我吗？想哥哥吗？

景山东街的李伯母带了李妹妹到上海了。你早点出来看李妹妹。

爸爸　十七，三，十二

——《胡适遗稿及秘藏书信》，第21册

致江冬秀

冬秀：

三月十一日的信收到了。

阿翠的事真怪。信收到的时候，正好黄钟先生在我家里，我就告诉他阿翠的事。他也说不出什么道理来，你说是“时症”，家乡有别家人害此病死的吗？如外间无此病，那就不是时症。时症总起于贫苦小户人家。我们家中比较要算清洁空敞的了，除非大瘟疫，不容易传染。

黄先生说，小孩子最容易传染，千万要加倍留意。

我问他要几种预防的药。他说，不知是何种病，如何能配药？

我竟没有胆子告诉思敬，迟几天再说。

陈啸青的二百元，已送到否？

卓林说，也是由绩溪县送上贰百元，已收到否？

石恒春取的一百，我已告诉卓林了，也算代我汇的。

共五百元。还差多少，请你早点告诉我。

我美国的钱还没有来，已有信去催了。我大概有法子想。

我的脚上肿痛，上星期六（十一号）请黄钟打了一针，本已好了，到昨天（十八）又大肿起来。白天要去做证婚人，只好勉强出去，吃力了，回来便走不动了。

今早睡下不敢起来，请黄钟先生来看。他说，还是上回的余毒。上回像要出两个头，现在只有一处了。他给我又打了一针，想把他消去，不让他出头。明天他还要来，再要打一针。

自从你走后，我没有好过一天。先是肚痛，后是头颈左边痛，后是喉痛，现在又是脚痛。我在外边，医药便当，决不要紧。但愿你们在家十分小心，保重身体。

你和小三最好是住楼上。楼上干净宽敞的多。

老实说，我看了阿翠的事，身上发抖，千万小心。

适之　三月十九日坐在床上写的

——《胡适选稿及秘藏书信》，第21册

致江冬秀

冬秀：

孟邹说，绩溪有信来，那二百元已送去了。卓林的二百元送到了没有?

汝齐的七十元，我已告知卓林，由我送去。

我脚上的病好了，黄钟来打了四针，现在完全没有事了。

你上回信上说，想把坟事交给秀之，早点出来。回此事须请你自己斟酌情形，然后决定。如可以早点出来，那是很好的事。如托别人办不了，还是多住几天，把事体办妥再走。

北京的会，改期到六月。我一时去不了。

家中的事，我想起一两件，请你替我办理。

（1）我自己名下的田，请你托几个本家来谈谈，分作两份，一份归稼嫂收租，一份归秠嫂收租。田虽不多，于他们两家总有点小补。

（2）膳茔田仍照旧由他们轮年收租。

（3）书田也轮年收租。但我的意思，最好与膳茔田不同年轮收。今年秠嫂收膳茔，则稼嫂收书田。明年秠嫂收书田，则稼嫂收膳茔。

（4）几家老佃户，都同我家有感情，不必更换。

坟上的墓碑，我不知道尺寸，请你把我寄回家的坟墓图样寄来，或者把两块碑的尺寸钞了寄来，愈快愈好。

惠平又生了一个儿字，今天第五天了。

思敬知道了阿翠的死信，哭得不得了。我看了十分难过，

适之　十七，三，　廿九夜

——《胡适遗稿及秘藏秘书信》，第21册

致江冬秀

冬秀：

江村寄的邮片收到了。

明天（四月二日）当令亚东赶汇两百元。

祖望近来似有病，我晚上常常看见他出大汗，连看了多少次，心里决定这不是怕热，必是一种根本的病。明天我要送他去，给一个有名外国医生细细一验。

我怕他是肺病。

阿翠死后，家乡出了许多奇怪谣言。前天近仁说，有人说阿翠吞金死的，我听了当作笑话。今天去看祥钧叔，他也说，听见人说阿翠吞金。我把你信上说的病症告诉他。大概外面总还有不少的怪话。这种话不知如何造出来的。可不必告诉在秠嫂，也不必同外人谈。不去理他，谣言自消灭了。

前天信上，我不劝你早出来，现在我劝你早点出来。将来如必要时，让我自己再回去一遭。

你到杭州，在拱宸桥起岸后，可直到西湖边上，住西湖饭店，或聚英雄馆，或环湖旅馆都好。到后可打电报给我。

你若走芜湖，若到南京住下，便不必打电报叫我。因为我此时还

不愿到南京。

昌伯、仰南都到上海了。住在斗南处。

适之　四月一日

——《胡适遗稿及秘藏书信》，第21册

致江冬秀

冬秀：

今天同祖望去看美国斯温医生，细细验了一点半钟。他说，没有肺病的情形。明天要去用“爱克思光线”照肺部，看有无病状。

看今天的诊验，大概没有什么病。

我怕你看了我昨天的信要着急，故写此信。

适之　十七，四，二

徐家明天开吊。

——《胡适遗稿及秘藏书信》，第21册

致江冬秀

冬秀：

昨天早上高梦旦与沈昆三来说，他们决定趁着假期内去游庐山，今晚动身，问我去不去。我连日不能睡眠，也想出去休息几天，遂答应同去。昨晚他们便把船票送来了。

今晚上船，与祖望同去，可以让他换换空气。半夜后开船。同行的还有陈叔通先生，蒋竹庄先生。

昨天早上到医院，医生用“爱克思光”给祖望照了几次。昨天下午去看斯温医生，今天下午又去看一次。今天去时，“爱克思光”的报告也到了，医生同我细细谈了一会，祖望的左肺不很好，但完全没有危险。此时须加倍留意。你可以放心。

亚东已汇了二百元。

士范我家中吃夜饭，同车出来。

我七日后可以回到上海。

适之　四月四日夜

——《胡适遗稿及秘藏书信》，第21册

致江冬秀

冬秀：

我们在庐山玩了三日（八日，九日，十日），游了不少地方。我同儿子的脸同手都晒黑了。儿子的身体很好，咳嗽也完全好了。

昨天（十一）下山，到九江等船。昆三上水到汉口去。我同梦旦下水。梦旦在南京上岸。要看他儿子同女儿。我们决定直到上海，不湾南京了。今日下午过芜湖，后日（十四）早晨可到上海。

匆匆先祝你们都好，别的话到上海后再谈。我的脚好了，前天山上走了不少的路，并不觉得困难。

适之　四月十二日船上

——《胡适遗稿及秘藏书信》，第21册

致江冬秀

冬秀：

我因为明天有个英文演讲，今天要预备，实在忙，这封信是叫万孚代写的。三封信都收到了。

这一个月之内，一定要汇给你一千块钱。石恒春的账，也由我这边寄去。

坟上的字，我因为等家里寄尺寸来，所以没有写。现在同近仁商量，决计先写前面的墓碑。碑心作二尺高，三尺五寸阔，大概不差多少了罢？字是请郑孝胥先生写的，写好后就寄给你。

我同祖望都很好，你可勿念。

适之　四月十八日（孚代）

——《胡适遗稿及秘藏书信》，第21册

致江冬秀

冬秀：

今日亚东打电话来说，绩溪来信，第二次的贰百元已送给你了。

卓林说，石恒春的两百元，也早汇去了。他先由徽州府汇，后来因那边要每百元加五元汇水，故又退回，改由石恒春，故延迟了。

我明天送六百元给卓林，请他汇给你。这回大概不会迟（俟决定

由何家汇，即通知你）。

你信上说的墓碑尺寸，士范也来看了，又算了一次。他说，恐怕你把四边镶嵌的地位都算足了。我们商量了尺寸，仍用长三尺五，高二尺。小一点不妨，可以加一道线。口太大了便没有法子了。

墓碑已送给郑孝胥先生写，明后天大概写好（他的夫人新丧，故不好催逼他，只好托梦旦去说）。

适之　四月廿二

——《胡适遗稿及秘藏书信》，第21册

致江冬秀

冬秀：

墓碑字今日送来！请即付刻。字系名人之笔，刻工望特别注意。如碑大字小，请四边留余地，便好了。

卓林说，已嘱汝昌送六百给我家应用，请向汝昌取款。

仍缺多少，请早日告我。我这几天睡眠不足，有点辛苦了。但没有病。

你们都好吗？何时可以出来？

适之　四月廿四日

——《胡适遗稿及秘藏书信》，第21册

致江冬秀

冬秀：

士范刚从安庆回来，我问过他了，他说，墓碑四面须有麻石架子。

我的美国钱还不曾到，大概下月可到。

我把祖望的一千元存款单向银行借了一千元。大概我的钱到就可还此款。

汝祺处七十元，我已还了。

我前天做了一件事，你一定要怪我。吴淞中国公学是我的“母校”，近来起了风潮，收拾不下来。一班校董，云五、经农、但怒刚等三番五次逼我出来维持此校。我被他们包围，闹的没有法子，只得应允出来担任校长两个月。今天去第一次，把这个学期完了再说。你定要笑我了，可不是吗？

你若走得开，请早早出来。我衣服都等你来再办。晚上常常睡不着，很想你出来。

五月十五日南京开全国教育会，我怕不能不去。广东中山大学打了几个电报来催我去讲演，我也想去走一趟。六月廿三日，文化基金会在大连开会，我又不能不去。

你不出来，我不能走开。庐山可带儿子去，开会讲演却不能带了儿子去。

你若走芜湖出来，可到南京等我。

适之　四月卅夜

——《胡适遗稿及秘藏书信》，第21册

致江冬秀

冬秀：

今日又托亚东汇上四百元。

我昨夜发一电给傅斯年，广东决定不去了。南京的教育会议，大概也不去了。忙的要死，只有摆脱一切外事再说。

身体还不算坏，每天只能睡七个钟头。

你何时出来。若能离开，望早日出来。

适之　十七，五，三夜

——《胡适遗稿及秘藏书信》，第21册

致江冬秀

冬秀：

家中有《四史》一部，请交近仁叔捐与毓英学校。

适之　十七，五，四

——《胡适家书手稿》

致江冬秀

冬秀：

昨夜一信，说又托亚东汇四百元，今天亚东的人来说，家乡划付四百元很不容易；问我有别的法子汇没有。我已教他们先邮局汇寄旌德县石恒春转付了。你得信可叫人去问一声，如钱已到可留一百元还石恒春。

现在山东闹出了一件大案子，中日兵冲突，中国死了七八百人。将来不知如何结束。

卓林日内就要同近仁同由余杭回家，你可以同他出来。

适之　十七，五，六

——《胡适遗稿及秘藏书信》，第21册

致江冬秀

冬秀：

今天士范来了。我们谈过，纪念碑可以不用石头镶边。纪念碑此时可以不刻字。将来若有碑文，再刻不迟。墓山碑可请家中学校先生写一块，不必在此托人写了。墓山碑上可刻“上川锄月山房墓地”八个字。

上回信上附来两纸，我看不懂。大概是你误封入信内的。今仍寄还你。

卓林后天动身。

适之　十七，五，十一

——《胡适遗稿子及秘藏书信》，第21册

致江冬秀

冬秀：

五月六日的信收到了。信寄欠六十元，并不错。先付的二十元是会馆租钱。

墓碑字决计不刻了，留着空碑，将来要刻也不难。南京的事，我去信辞职，蔡先生至今不曾回信，大概是很不高兴。但今天报上说，胡适之辞职，已补了廖茂如。我可以不去南京了。广东也不去了。武汉方面也打电话来请我去，也回掉了。

汇款事，我当同卓林接洽。卓林明后天可动身回家，你要款可问他划。近仁也要同他回家。他的儿子的病还不见好。

真正对不住你，我心里真不安。但这件事非你办不了，我同绍之都不行。等你回来，好好的谢谢你。你们都安好吗？

适之　十七，五，十二

——《胡适遗稿及秘藏书信》，第21册

致江冬秀

冬秀：

十七（星期四）夜搭夜车往南京去了一趟，住了三夜，昨（廿一）夜仍搭夜车回来。我虽然辞了“专家”委员，又辞了公开讲演，但经农、端升、云五都写信来，说至少须以“大学委员会”名义到一次会，免得“太露相”了，一班朋友不好相见。所以我决定去走一次，开了两次大会，陪蔡先生、夫人玩了一天（星期）山，始终不曾在会场开上开口一次。只在两次宴会席上说了几句话，总算不曾得罪人。

星期六上午的审查会我没有去，偷空去下浮桥看了大嫂一家。保和憔悴的很，去年两个儿子都死了，家中凄惨的很。大嫂头发全白了，大姊精神很好。我已托文伯为保和觅一事。他们都不知道你回家了。大姊今年二月还想来上海给思祖做十岁生日呢。后来因为走不开，遂不曾来。二姊也见着了。

我本想带祖望去，后来因为招待所须带铺盖，故不便带他去。若把他交给大姊，我又怕他们家中有肺病。故决计留他在家中，睡在万孚房里。

墓碑刻好，请拓印几张寄来一看。今天秀之有信来问墓山碑字。墓山碑决计请家中托人写，前信已说了。纪念碑决计空着，前信也说了。

适之　十七，五，廿一

——《胡适遗稿及秘藏书信》，第21册

致江冬秀

冬秀：

十八日的信收到了。

你这封信是有气的时候写的，有些话全是误会。纪念碑文当初我本不曾想着要做。士范既留此碑地位，我起初就决定留着空碑，后来再补刻。此墓乃是四人合葬，碑文最不易说话；祖父的事实，我很模糊了；借来一本族谱，不料连他死的年月日都没有，真是奇怪。所以在上回写信给你说碑文不必刻了。

这是实在情形，你说我“不拿你当人”，又说我“害”的你，都是想错了。

士范今天也在我家中，他谈到此碑。他说此碑斜平在上，将来不妨补刻。如嫌空碑不雅观，可以不用碑，全用灰泥盖顶，将来有碑时再立不迟。

你此次替我做了这件大事，我心中只有感激，一百二十分的感激。你若怪害苦你，那就是太多心了。千万不要往坏处想，我不是一个没有心肝的人。这话是我挖空心肝来同你说的。

我时时刻却想你回来，卓林回家时，我还托他想法子托个人照应，请他同你回来。

昨天想做两条灰色哔叽的单裤，托徐太太去买材料，她叫新六来说，她叫人去做罢。

祖望身体还好。夏天到了，小孩子在这个空气干净地方，总还没有大危险。

祝你们好。

适之　十七，五，廿五

信写成了，我想了一想，也许能自己写一篇空泛的碑文。你等我三天，若三天之后，碑文不寄到，请决计不用碑了。

适之　半夜后两点钟

——《胡适遗稿及秘藏书信》，第21册

致江冬秀

冬秀：

秀之：

昨寄一信与冬秀，说明纪念碑不做的缘故，并说两条办法：（1）不刻字，先安上去；（2）先不要安碑，用灰盖顶。

但我在信尾上又说：我想试试看，做一篇短碑文。如三日内做成，便寄来。

今天做了一篇，总做不好。下午又得秀之的信，说“或者不要纪念碑也可”。

我想，还是决计不要纪念碑罢。先用灰盖顶。把碑石留在家中，把尺寸量准，除去镶边，共有若干尺寸（我同士范算的是长二尺，阔一尺八寸。除去镶边，长一尺七，阔一尺四寸半）。最好用纸比量，因为尺长不同。这样便可从容托人做碑文了。也许我自己做了，托名家写，将来补刻。

请你们把祖父母的生死年月日抄了寄来。不要忘了。

我明早九点搭车去苏州讲演，下午六点四十二分车回上海。

适之　十七，五，廿六夜

——《胡适遗稿及秘藏书信》，第21册

致江冬秀

冬秀：

星期日我到苏州去讲演，早车去，晚车时来。丁太太病了一场，至今没有好完全。她胆子里面有三块小石头，叫做胆石，肚痛的要命，每回肚痛，就想自杀。那天她还勉强出来听我的讲演。她瘦了许多，但气色还好。

文伯要出洋去了。

孟和到上海来了。知行一家也来了。

我近来身体很好，只是过劳一点，有时觉得背脊痛。祖望身体不坏。他们的李先生找到了事情，忽然走了。现在还没有请到先生。

今天是五月卅日，我有一处讲演，要出门了。今天各地戒严，但大概不会有暴动。

五卅虽是大纪念，但现在大家排日本，故排英的热度减多了。我没有法子推辞讲演，但说的话一定不会闹乱子的。

祝你们都好。

适之　十七，五，卅

——《胡适遗稿及秘藏书信》，第21册

致江冬秀

冬秀：

卓林到了，他说你仍旧要刻纪念碑，我今天勉强做成一篇空泛的碑，写了一天一夜，到半夜才写成一幅，大概勉强可用了。字的笔画

很细，刻时请留意。

红线的格子都不要刻。外面也不必刻线边，只须四边排的平均就是了。

千万早早出来。皖南有土匪，我很着急。

祖望的出汗，我告诉南京大姊。大姊说，你的祖父有个方子，用浮麦与红枣两味可治。

我回来就买给祖望吃，果然很有效。

我的身子还好，只是睡觉不够。

适之　六月四日夜

——《胡适遗稿及秘藏书信》，第21册

致江冬秀、胡思杜

冬秀：

碑文收到否？

皖南土匪的消息使我很担心事；有时候上替你们设想，使我不能睡着。千万请你时时寄信，告诉我家乡的情形。

如事可托汝昌管理，千万早早出来，使我放心。

儿子身体还好，只是晚上还有时出汗。

我的身子平安，但太忙一点。

祝你们好。

适之

小三：

听说你会说徽州话了，我很高兴。你不要忘了北京话。早点出

来。爸爸同哥哥都很想念你。

爸爸　六月十三

——《胡适遗稿及秘藏书信》，第21册

致江冬秀

冬秀：

久不得你信，实在挂念。

今见报上说绩溪一带无危险，我心稍安。千万望你早日出来。使我放心。

北京基金会来了许多电报，催我去开会。会期本来是六月廿一，因为我不能去，改在六月廿八。我还不能去，一来因为你不在家，二来因为中国公学没有人接手。今天已去电，请他们再改期五日或七日。如他们真改期，我便不能不去走一趟了。

中国公学的事，再三辞不悼。校董会没有法子，特设副校长一人，代我住校办事。我已寻得一位杨亮功君来做副校长。七月以后，我可以不必每星期到吴淞去了。

光华的事已辞去，东吴的事也辞了，大学院的大学委员会也辞了。

《白话文学史》今日出版，可以卖点钱。

一切事，等你面谈。

千万即日动身。

适之　十七，六，十九

——《胡适遗稿及秘藏书信》，第21册

一九二九年

致胡祖望

祖望：

你这么小小年纪，就离开家庭，你妈和我都很难过。但我们为你想，离开家庭是最好办法。第一使你操练独立的生活；第二使你操练合群的生活；第三使你自己感觉用功的必要。

自己能照应自己，服事自己，这是独立的生活。饮食要自己照管，冷暖要自己知道。最要紧的是做事要自己负责任。你工课做的好，是你自己的光荣；你做错了事，学堂记你的过，惩罚你，是你自己的羞耻。做的好，是你自己负责任。做的不好，也是你自己负责任。这是你自己独立做人的第一天，你要凡事小心。

你现在要和几百人同学了，不能不想想怎么样才可以同别人合得来，人同人相处，这是合群的生活。你要做自己的事，但不可妨害别人的事。你要爱护自己，但不可妨害别人。能帮助别人，须要尽力帮助人，但不可帮助别人做坏事。如帮人作弊，帮人犯规则，都是帮人做坏事，千万不可做。

合群有一条基本规则，就是时时要替别人想想，时时要想想："假使我做了他，我应该怎样？""我受不了的，他能受得了吗？我不愿意的，他愿意吗？"你能这样想，便是好孩子。

你不是笨人，工课应该做得好。但你要知道世上比你聪明的人多的很。你若不用功，成绩一定落后。功课及格，那算什么？在一班要赶在一班的最高一排。在一校要赶在一校的最高一排。工课要考最优等，品行要列最优等，做人要做最上等的人，这才是有志气的孩子。

但志气要放在心里，要放在工夫里，千万不可放在嘴上，千万不可摆在脸上。无论你的志气怎样高，对人切不可骄傲。无论你成绩怎么好，待人总要谦虚和气。你越谦虚和气，人家越敬你爱你。你越骄傲，人家越恨你，越瞧不起你。

儿子，你不在家中，我们时时想念你，你自己要保重身体。你是徽州人，要记得“徽州朝奉，自己保重”。

你要记得下面几件事：

（1）不要买摊头上的食物，微生物可怕！

（2）不要喝生水冷水，微生物可怕！

（3）不要贪凉。身体受了寒冷，如同水冰了不流，如同汽车上汽油冻住了汽车便开不动。许多病是这样来的。

（4）有病赶快寻医生。头痛是发热的表示，赶快试验温度表（寒暑表），看看有无热度。

（5）两脚走路觉得吃力时，赶快请医生验看，怕是脚气病。脚气病是学堂里常有的，最可怕，最危险。

（6）学校饮食里的滋养料不够，故每日早起须吃麦精一匙。可试用麦精代替糖浆，涂在面包上吃吃看。

这几条都是很要紧的，千可不要忘记。

你寄信给我们，也须编号数，用一本簿子记上，如下式：

家信苏州第一号　0月00日寄

苏州第二号　　　0月00日寄

你收的家信，也记在簿上：

爸爸苏州第一号　八月廿七日收

爸爸苏州第二号　0月00日收

妈妈第三号　　　0月00日收

儿子，不要忘记我们，我们不会忘记你。努力做一个好孩子。

爸爸　十八年八月廿六夜

——《胡适遗稿及秘藏书信》，第21册

一九三零年

致胡祖望

祖望：

今近接到学校报告你的成绩，说你“成绩欠佳”，要你在暑期学校补课。

你的成绩有八个“4”，这是最坏的成绩。你不觉得可耻吗？你自己看看这表。

你在学校里干的什么事？你这样的工课还不要补课吗？

我那一天赶到学校里来警告你，叫你用功做工课。你记得吗？

你这样不用功，这样不肯听话，不必去外国丢我的脸了。

今天请你拿这信和报告单去给倪先生看，叫他准你退出旅行团，退回已缴各费，即日搬回家来，七月二日再去进暑假学校补课。

这不是我改变宗旨，只是你自己不争气，怪不得我们。

爸爸　十九，六，廿九

——《胡适遗稿及秘藏书信》，第21册

一九三二年

致江冬秀

冬秀：

八日开会一天，会事完了。

在北京饭店住的那位美国美术家贺福曼夫妇也来了，住在礼查饭店。他们给我塑像，塑了两天半才完功。十二日我搬出饭店，搬到滃洲饭店和文伯同住一房，可以不出房钱。

惠平带了三个孩子出来看我。她身体好像很好。我交她六十元，作为还款。新月书店没有给我钱，但我还有余钱，所以还了她六十元。

志摩家的事，谈来谈去，没有多大结果，仍是每月贰百五十元，外加版税。这件事明天大概可以结束了。

叔永今夜从杭州回来，明天约开一次会，商量基金会的事。大概他星期六可以走了。我大概是星期六夜可以起程，在南京要担搁半天，星期二可以到北平了。

衣料是托梦绿买的。我和文伯每天在梦绿处吃饭。

祝你们好。

适之　廿一，一，十四

——《胡适遗稿及秘藏书信》，第21册

一九三五年

致江冬秀

冬秀：

这是“元旦开笔”的信，我今早八点上船了。慰慈来送我。我的香港住址是由香港大学转。

祝你们好。

适之　元旦

——《胡适遗稿及秘藏书信》，第21册

致江冬秀

冬秀：

元旦早上七点半上渡船，九点半大船开行。在船上三天，舒服极了。睡觉的时候多，每天差不多睡十二三点钟。

船上只有一位画家周廷旭，是我认得的，余人都不认得，所以没有人可谈，我也不去寻人谈话。

一二两天下雨，昨天天晴，海上风景好的很。

今天（四日）一早，天还没有亮，船就进口了。现在六点钟，船停在港里。这是我第一次看见香港，风景确是很好。

这回单夹衣带的太少了，恐怕有困难。今早天亮时，我穿薄衬绒

袍子，一点不觉得暖。到了中午，恐怕要穿夹衣哩。

昨天船上收到梦麟从船上打来贺年的无线电，我也打了一电去贺年。

祝你们好。

适之　廿四，一，四早上六点

——《胡适遗稿及秘藏书信》，第21册

一九三六年

致江冬秀

冬秀：

在约瑟米岱山中凡二十天，每天日夜忙碌，竟不能写信给你们。

九月一日早晨回到旧金山，两天之中有三处讲演，出了三次大汗，一身都湿透了。今日晚上八点动身往东部去，七日上午可到哈佛大学，在那边有十二天的担搁，就回来了。路上要往加拿大去三天，十月中赶到旧金山上船。十月十六日林肯总统船回国。十一月六日到上海。

我此次所以早点回国，是因为医生不允许我多演说、多旅行。医生劝我早点开刀，把病除去，就可以没有后患了。

有几天小肚子颇不好，高起的地方竟收不进去。现在每晚上睡下就把高处揉进去，进去很容易，医生说不要紧了。

头上白发添了不止一倍了。

祝你们都好。

适之　廿五，九，三

——《胡适研究丛录》

一九三七年

致江冬秀

冬秀：

十二日我收到泽涵的电报，同时逵羽和祖望也到了。我很高兴，即发一电云：

> 暂留津待电，逵羽、祖望今日到京均安。

十三日上海战事爆发了。十四日我又发一电云：

> 沪路阻，可试胶济路转京，否则暂留津。可往访开滦总局陈廷均兄，请其指示。

十七日得你的电报说：

> 余等留津均安。冬。

我很高兴，因为南行实在太苦了。我因想到开滦总局的陈少云先生，所以十四日电报上要你去看他，又另打一电报给他，请他指导你。后来他也有回电来了，我才知道你住在朱继圣兄家，我更放心了。

周枚荪太太到了，陶孟和也到了，朱光潜也到了。杨今甫等六人今天（廿六）到了，他们都平安，路上都很辛苦。陶希圣太太带了六个孩子，走了九天才到，七个人都只各有一身衣服。希圣说，就像七

个叫化子一样！他们的一岁半的孩子病倒了，至今未好。

周太太今天上庐山去了。光潜今天回安徽去了。

我本来住在教育部，共住了二十多天。祖望住在汪敬熙家，与小汪作伴。后来汪家搬走了，祖望与我同住北平路六十九号中英文化协会内。

从八月十五日起，南京天天有"空袭"，到昨夜（廿五）止，共总有了二十一次。都没有大损害。人口搬走了一半。朋友家的家眷都走了。

自从七月廿八日到京，快一个月了，我们全是寄食在朋友家。现在想在寓所开饭，从明天起，可以有饭吃了。

我从廿一日起，肚子不大好，到中央医院来验看了几天，证明不是痢疾，我才放心，现在差不多全好了。

你最后的电报我也收到了。我托马幼渔先生的儿子马巽伯兄代发一电，告诉你祖望到了很久了。失去的物件不重要，只要人安全就好了。商务股票，我当嘱他们"挂失"。图章与折子都更不重要了。你不必担心。

李固［国］钦事，我当设法请美国大使帮忙。因为他生在美国，是美国国民。

你们此时最好是安心暂住天津。我当托兴业设法随时寄钱给你们。请你谢谢秉璧、继圣、二小姐、陈少云兄等。

润生大姊未搬。仲牧家眷早搬了。

收到信后，可回一信。信寄南京北平路六十九号。

廿六，八，廿六下午

——《胡适遗稿及秘藏书信》，第21册

致江冬秀

冬秀：

我廿六日有信给你，收到了吗？

前天儿子写信给你，想已知道了。

我日内就要出门，走万里路，辛苦自不用说，但比较国内安全多了。一切我自保重，你可放心。同行的伙计有端升、子缨。

祖望，我要带到武汉去，想交与武汉大学的王抚五或陈通伯，等候二次招考，或作旁听生。他很能照管自己，你可放心。

小三，我只好交给你安排了。

此时山东尚无事，你若有妥伴，可以早点南来，到济南换车南下，到南京可先住旅馆，再打电话（三二四六〇，32460）给周枚荪和傅孟真。他们一定能招呼你。你可以回徽州去住。

你若南行，须自己决定主意。泽涵、圭贞都是不能自己决定主意的，不如让他们住在天津。

你若决定住天津，也是一个法子。

固［国］钦是美国籍，我今天去见美国大使，请他告知天津美国领事，为他想想法子。他的伯父李得庸，住汉口德托美领事街廿三号。

（T.Y.Li，23 Road Dantremer，Hankow）（电报挂号中文“1661”西文“TYLI”）

他的叔父李兆南，住上海北京路国华大楼同昌公司。（电报挂号6115）

我托兴业送六百元给你，你可问天津兴业行长朱振之先生取。我

起身时，当另留一笔钱给你。一切事，请你自己作主，我完全放心。我知道你是最能决断的。最要紧的是保重身体。

我在医院住了五天半，验得不是痢疾，只是小肠有点发炎，养了六天，就完全好了。廿八日出院，现在饮食如常了。

请你代我致意谢谢朱继圣兄嫂。

朋友之中，公超，实秋，岱孙，之迈都到了。他们都平安，并问泽涵、圭贞、性仁大家都好。

糜　廿六，九，六

子隽叔来信附上，可与泽涵看。

——《胡适遗稿及秘藏书信》，第21册

致江冬秀

冬秀：

月亮快圆了，大概是十二三夜。我在旅馆的十四层楼上看月亮，心里想着你，所以写这信给你。

我到外国已是五十天了，什么事都没有做，只是忙来忙去，一天没得休息。

前天礼拜六，有一次大演说会，听的人有一千多人。那天早起，我觉得不大舒服，吃了早饭，全吐出了。午刻到了宴会上，全无胃口，所以没有吃中饭。到了两点钟，轮到我演说，我站起来，病也没有了，演说很有力量，也不觉吃力。说完了，又答复了许多问题。人多，外面大雨，窗不能开，所以屋子里很热。我出了力，出了一身大汗，里衣全湿了。回到旅馆里，我不敢脱衣服，也不敢洗澡。但这一

身汗出来之后，我的小病全好了。到了五点钟，肚子觉得饿了，我才叫了点东西来吃。吃了之后，精神完全好了。

五点一刻李［国］钦的父母来接我下乡去，在他家里换礼服，八点到前任大总统罗斯福的大儿子家中去吃饭。席上有英国大文豪韦尔斯先生。饭后闲谈到十点半，回到李家过夜。

昨天星期，我躲在李家休息了一天。上午出去走路，走了三英里，约有十个中国里，走的一身大汗。下午又出去走了一点钟。

今早九点，我坐汽车回到纽约。中饭在哥伦比亚大学同一位老师吃饭。下午有人来吃茶，谈了两点钟。晚上又换了礼服，出去到一个朋友家吃饭。到十一点半才回家。写完这信，我也要睡了。

杜威先生上月二十日过生日，整七十八岁了，精神还是很好。他常问起我家人口安否。

祝你们都好。祖望写了三封信来，他很平安。

縻　廿六，十一，十五夜

——《胡适遗稿及秘藏书信》，第21册

一九三八年

致江冬秀

冬秀：

我一月廿四夜离开纽约，往西行，一直到太平洋岸上的西雅图；又沿岸南行，直到洛杉机；再沿岸北去，进入加拿大境内；一直东去，到三月半左右可回到纽约。这次旅行，共走九千英里，差不多有三万中国里了，共费日子五十一天。

这几天走的都是冰天雪地，今天火车上洛奇山，风景好的很！

你寄的两封信都收到了（十二月廿二，廿八）。我寄的四百美金，是电汇的，由中基会转，你已收到了吗？

家乡不能去，是意中的事，不必着急。大概徽州多山，一时不会有大战事，但兵队必要守徽州，那也是自然的。你不要去云南，且住上海。

儿子要学航空机械，这本是机械工程的一种，自可听他去罢。

保险费付了也很好，我随时一定寄点钱来。我知道你是不会瞎用钱的。这半年里，你用的几笔大钱，都很得当，我看了都很高兴。

我的身体很好，精神也很好。但是几时回家，我也不知道。大概是能住几时是几时；有事做就多住几个月；没有事可做，就只好回来了。同行的张子璎已动身回国了。

附上的信，可交洪芬。

适之　廿七年二月三日路上写的

——《胡适遗稿及秘藏书信》，第21册

致江冬秀

冬秀：

你和小三的信都收到了。

我在路上写了一封给你，想已收到了吧。

我昨天离开西雅图（seatlle），在那地住了五天，天天忙的不得了。辛苦虽然辛苦，但朋友真好，他们费钱费功夫陪我，使我真感激。

昨夜在一家吃饭，见着“本家太太”（胡惟德太太）的儿子世勋，他在西雅图读书，住在一家慈善人家，他们很说他好。

昨夜上火车，今早到钵仑（PortLand）住了一天就要南行。明晚可到旧金山了。

你信上问我两事：

（1）我冬天脚不痛吗？

我今年没有脚疼的病，身体更好。

（2）你问我何时回来。

我自己也不知道，恐怕我要多住几个月，也许要住一年。

有些地方要我留在这里教书，我至今没有答应，现在正要考虑这些问题。旅费用完了，若要多住，必须先寻一个地方教书。现在旅费还没有完，可以不愁此事。

我怕我更胖了。昨天剪了头发，今天照镜子，白头发真满两鬓了，剪短了还遮不住！但精神很好，身体也好。

骍　二月十二日

——《胡适遗稿及秘藏书信》，第21册

致江冬秀

冬秀：

一路上曾有信给你，想已收到了。

我现在不回国，大概还得住好几个月，也许住一年，此时全无把握。有两三个大学要留我在美国教书，我不曾答应，但允许他们仔细考虑。我决定后再告诉你。

你说我的书有一个书目，有三百页之多。请你雇一个人把这书目抄一本，寄给我，我就可以用这书目了。单有一本书目是不够用的。抄书目的事，可以同洪芬兄商量，或伯遵兄商量，不必惜费，越快越好。

你们听说我二月回来，那是谣言。基金会四月底开会，我本想赶回来，但实在走不开，只好不去了。

你们同伯遵兄同住，一定有照应，但天气暖热时，如有合式房子，最好还是自己租一所小房子。

我将来回国，也不回上海，一定先到香港，直到长沙或汉口。这是后话，将来如何变化，谁也不知道。

书籍存在天津，没有搬来上海吗？如没有搬来上海，可不必搬了，一切可听竹垚生兄料理。

我这回出行，共须走一万多英里，现在已走了六千英里了。昨夜离开洛杉机（即好莱坞所在地），明天回到西雅图，后天（二月廿三）出美国境，到加拿大。在加拿大本定住十四天，现在改成十八天，三月十三日回到美国境内；英国人要我五月去讲演，现在暂时决定不去。

我身体很好，人都说我胖了。去年九月做的衣服都觉得紧了。

祝你们都好。

骍　廿七，二，廿一（火车上）

——《胡适遗稿及秘藏书信》，第21册

致江冬秀

冬秀：

我自从一月廿四日出行，走了一万一千里，三月十八日回到纽约，休息了几天，又出去走了五天。现在总算可以休息了。

我这回出门，虽然很辛苦，但身体很好，竟没有病。

林行规先生带来的信，两个儿子寄的信，都收到了。我因为太忙，所以许久没有回信，一定叫你们不放心，我真不安。以后真要多写信了。

同行的两位，张先生一月底回去了，钱先生昨天上船往英国去了。昨天忽然大冷，有雪，下午下了五六寸雪。四月雪中送客我很觉寂寞。同行三人，现在只剩我一个人了。

林先生带来茶叶三瓶，都收到了。茶叶很好，我有工夫在旅馆，总泡一小壶喝喝。

林先生现在也到纽约了，我们同住在一个旅馆，常有见面谈天的机会。

你托他带来的口信，也寄到了。

他虽然很近视，眼力不方便，但还是单身旅行，住最便宜的旅馆，吃最便宜的饭，非常客气，不要我们帮一点忙。他因为我住在这里，所以勉强住在这个旅馆里，这样的人，最可以使我们佩服。

我现在还没有决定将来的计画，但我这几个月大概还在美国。

请你告诉洪芬，编辑会的钱，我一定不能收了，请他加在张子高的月费上。

我不久可以寄点钱给你用。

祝你们好。

骍　廿七年四月七日

我在纽约住了近六个月，只看了一回戏，只看了一次电影。林老先生来了，我也没工夫陪他玩玩。

——《胡适遗稿及秘藏书信》，第21册

致江冬秀

冬秀：

二月十八、二月廿八日的信，都收到了。

我始终没有去英国，报上的话是误传。

你们应该搬家，我盼望你此时已寻着地方了。

我盼望你不要多打牌。第一，因为打牌最伤神，你的身体并不是那么结实，不要打牌太多。第二，我盼望你能有多一点时候在家照管儿子；小儿子有一些坏习气，我颇不放心，所以要你多在家照管照管儿子。第二，这个时候究竟不是整天打牌的时候，虽然不能做什么事，也应该买点书看看，写写字，多做点修养的事。这话并不是责怪你，只是我一时想到，写给你想想。

昨天在火车站上候车，把外套脱下，上一个天平称称看，恰是一百三十八磅半，连衣服皮鞋在内。

近来我身体很好，就是忙一点，有时候饭食不按时候，睡觉也不很规则。前天我坐火车去东方一个女子大学（威尔斯女子大学）讲演，昨天赶回纽约，来回四百多英里。晚上在纽约讲演“五四”。讲演完了，顾毓琇的弟弟毓瑞请找去他家吃炒面。回旅馆已在半夜后，看了几张报，到两点半方才睡觉。今天起晚了，十点半吃了一些早饭。到下午三点半才吃午饭。作客的生活，最苦的是一个人出去吃中饭夜饭。从前有张先生、钱先生在此，后来钱先生走了，有林行规先生在此，常常一块吃饭。现在他们都走了，我常常一个人出去寻便宜馆子吃饭。有一天我到近边一处俄国小饭馆，名叫“俄国熊”。我一个吃饭，想起林先生常同我来这里吃饭，我心里想念他，就写了一首

小诗寄给他：

孤单客子最无聊，
独访“俄熊”吃“剑烧”。（剑头上烧的羊肉）
急鼓哀弦灯影里，
无人会得我心潮。

写这故事，叫你们知道，找在客中的情形。我在美国半年多，只看过两次戏，一次电影。

我的行止计画，现在还不能定。教书的事，我很费踌躇，后来决心都辞掉了。这个决定是不错的。我不愿在海外过太舒服的日子。良心上过不去。

书目抄好了寄来不迟。一时不抄也不要紧，因为我决定不在此教书了。

西洋参和手表，我要托人去买，买了就寄给你。祝你和小二都好。

骍　廿七，五月，五日

——《胡适遗稿及秘藏书信》，第21册

致江冬秀

冬秀：

许多时没有写信了。

你寄的两信，都收到了。

五月十一日电汇美金二百元，收到了吗？

我近来牙齿不好，有一些时候常常作痛。从去年十二月到今年五月底，牙医的钱费去了三百多，工夫也总有不少了。不料上月右边下面坐牙时时发痛，每天早上醒过来总觉得牙痛。前天（五月卅一）去看一次，昨天又去看一次。因为坐牙已拔了一个，这一个不可再拔了，所以要医生医治。不要再拔。昨天上麻药，把病牙里的神经弄死。今天稍稍好一点，下午不痛了，我希望这一次可以治好了。

牙痛并不伤人，但使人坐立不安宁，什么事都不爱做。我的身体很好，不曾伤风一次，你可以放心。

今天下午到一个道尔顿学堂去做毕业演讲。幸亏牙齿不痛了，不然，话都说不好。

你要搬家，最好是早搬。天热了，更不便了。钱不够时，我自寄来。

你要的西洋参和手表，有便再寄。

我四月中决定把美国教书的事都辞掉了。请我教书的，共有四五处，我仔细想想，索性全辞谢了。

书目的事，此时不必抄了。存在天津最好，不必去搬了。我现在决定七月十三日动身，坐船去英国，在英国大概有两个半月或三个月的勾留。写信可寄：

Dr. Hu Shih，
c / o Chinese Embassy，
London，England.

在英国住住，我大概还是回到美国来，再住几个月，现在还不能十分确定。

我将来如何决定，一定要早告诉你。

我到英国后，还要到欧洲去走走。

天热了，你们母子必须特别保重身体。

骍　廿七，六，二夜

寄的照片收到了，两张都很好。

我也寄一张给你，背后的门牌一百二十九是太平洋学会的房子，就在旅馆隔壁。

——《胡适遗稿及秘藏书信》，第21册

致江冬秀

冬秀：

你怪我三个月不写信，此中必有收不到的信。我写信虽不勤，但不至于三个月不写信。

我很赞成你捐二百元给周先生的学堂。我到欧洲之后，也还要设法寄点钱捐给他。

你在患难中，还能记得家中贫苦的人们，还能寄钱给他们，真是难得。我十分感激。你在这种地方，真不愧是你母亲的女儿，不愧是我母亲的媳妇。

我七月十三日早晨上船，一路上无风无浪，天气也不热，比纽约的九十度热天，真可以说是避暑了。

我在船上每天睡觉，睡了二天，休息够了，昨天才动手做事。

这一阵子真忙的可以。前月（六月）廿九日从纽约出门，跑了一个大圈子，二千多英里。七月四，九，六，三天，每天只睡四点多钟，日夜赶我的四篇学术演讲，一夜间到纽约，十一日忙了一天，料理行李。十一晚车到美京去辞行，十二日吃了中饭，就搭车回纽约。十三早上就上船了。这种生活是能使人头发白的。

后天（十九）我可以到法国，钱先生在那边等我。他见了我，就要动身回国了。

我托他带一只手表给你，这是我自己出去买的。只怕我不内行，不见得合用。你用用看，将来我见着合式的手表，再给你买一只。表带是可以伸缩的，你最好到一个表店去叫他们教你用。

李国钦回来了，我对他说起西洋参纳税的事，他也大笑。

李夫人又托上海李馥荪的儿子带了两磅参给你，如未收到，可托新六一问。

英国不热，我打算住一个多月（七月廿二日到八月廿五），再到欧洲去赴两个会，一是八月底的史学会，一是九月下旬的教育学会，九月底可以回到英国。十月十三日搭船回美国。十月十八日可以到纽约。这三个月是我的避暑，欧洲天气不热。但夏天各国要人多不在公事房，多往他国去休息，所以没有多少人可见。学校也放假，所以我没有讲演。我有这三个月的休息，身体一定可以大好，精神一定可以更好了。我的牙齿，后来没有法子可以留住有病的坐牙，终究是拔了。拔了不久，我就出门，所以来不及装补，现在右边共少了两个下边的坐牙，所以吃东西全靠左边了。十月回去纽约，还得装牙齿．但现在全无痛苦了，请你放心。

我十月回到美国，虽不教书，也得多住几个月，还是往来讲演的时候为多。

以后的信可寄伦敦大使馆转。郭大使留我住在他家中。

祝你们都好。

洪骍　Aquitania船上　廿七年七月十七日

大儿子写信不少，写的信都很有进步，我很高兴。

——《胡适遗稿及秘藏书信》，第21册

致江冬秀

冬秀：

我七月十九到法国，廿四日到伦敦。

你七月三日的长信，我昨天（廿九）收到，茶叶还没有到。

我在这十几天遇见了一件“逼上梁山”的事。我知道你听了一定很不高兴，我心里也觉得很对不住你。这事我已写在给新六的信里，我请他把这事向你当面说明。

我去年七月九日离平，十一日的飞机被人包去了，十二日才上飞机，飞上九江。我在飞机上忽然想起今天是七月十二日，在二十年前的七月十二日，我从外国回来后，在上海的新旅社里发下一愿，决定二十年不入政界，二十年不谈政治。那二十年中，“不谈政治”一句话是早就抛弃的了。“不入政界”一句话，总算不曾放弃。那一天我在飞机里想起这二十年的事，心里当然有不少的感慨。我心里想，“今日以后的二十年，在这大战争怕不可避免的形势里，我还能再逃避二十年吗？”

果然，不出两个月，我就跑出去了。现在怕更躲不开了。我只能郑重向你再发一愿：至迟到战争完结时，我一定回到我的学术生活去。你记得这句话。

钱端升先生七月廿二日从法国起程回国了。我托他带上一只小手表，值不了多少钱，但还不讨厌。那表带是可以伸缩的，你试试看就知道如何带了。

小三也有聪明，你不要太悲观。每月给他一点买书钱，叫他多读有用的书。英文必须补读。

会里的钱，决不可再受。泽涵来信说．他已代受了大学薪水

一千五百元。我日内还要电汇一点钱给你。

我的牙齿近来没有麻烦，但右边有两个坐牙，必须补装，不然，就不能用右边牙齿了。

昨晚上睡了八个钟头，总算不错。近来睡觉还不坏，只嫌每晚要醒两三次。人老了，总是如此。

你的伤风全好了，我很高兴。你说去年七月廿八日起心跳有两个月，现在还发不发？望你们保重。

买外国东西，全世界都没有香港便宜，此事我最近才明白。如要什么，可托慰慈代买。

骍　廿七，七，卅

——（胡适遗稿及秘藏书信》，第21册

致江冬秀

冬秀：

我在八月廿四日离开伦敦，往瑞士赴国际史学会。廿五日早晨，船到比国，换火车往瑞士。在车站看报，忽见广州附近中国航空公司的飞机被逼降落，搭客十二人只有一人逃出。搭客中有新六之名，我大吃一惊，心里知道不妙。下午火车到瑞士的朱里虚，我买各报看了，更信新六遭难。但心里总希望他在不死之数内，故发电报去问铁如。什六早七点，得铁如回电，知道新六果然死了。我这三天（廿五，廿六，廿七）真不好过。自从志摩死后，在君、新六相继而去，真使人感觉孤凄寂寞。新六的性情最忠厚，心思最细密，天资最聪明，在朋友之中，最不可多得。我最敬爱的朋友之中，在君、新六为

最相投，不料这两个最可爱的朋友偏偏最先死了！我昨天写一信给徐太太，由铁如转托垚生转交。你见她时，请代我慰问她一家。

徐老太太还康健吗？真可怜！真可惜！

我自己的事，至今没有定妥。将来是怎么样，我全不知道。新六最后一次写信（六月七日）给我，说："此时能尽一分力，尽一日力，只好尽此一分力，尽此一日力而已。"我现在也只能作此想，以报答国家，报答朋友。以后如何转变，我会托铁如、慰慈转告你。

我托钱端升兄带一只表给你，你收到了么？

我的身体很好，牙齿居然好了。这五个月里，没有伤风一次。

真是"劳碌命"，越忙越没有病。

骍　八月廿七

——《胡适遗稿及秘藏书信），第21册

致江冬秀

冬秀：

昨日临行时得振飞八月廿三日手书，才知道我的七月廿九日的信他不曾交给你。所以你得我八月廿七日的信，一定看不明白。我在瑞士赴史学会，昨日完毕。今日明日稍作游历，后日到瑞京，一二日到日内瓦。

此片为今日所到之处，本可望阿尔布山的少妇峰（一万三千六百多尺）。但今日大雪，毫无所见。

骍　廿七，九，六寄于Luce

——《胡适遗稿及秘藏书信》，第21册

致江冬秀

冬秀：

九月四日的信收到了。我八月廿七有信给徐太太，不知香港转去否？九月四日我收到新六的信，是他最后的一封信，是他上飞机之前一晚写了寄出的，以后他就没有写信了。我收到此信，哭了一场，写了一首诗追念他：

> 拆开信封不忍看，
> 信尾写着“八月二十三”！
> 密密的两页二十九行字，
> 我两次三次读不完。
> “此时当一切一切以国家为前提”，
> 这是信里的一句话。
> 可怜这封信的墨迹才干，
> 他的一切已献给了国家，
> 我失去了一个最好的朋友，
> 这人世去了一个最可爱的人！
> “有一日力，尽一日力”，
> “一切一切为国家”，
> 我们不要忘了他的遗训！

此诗可叫小三抄了送给大椿等。

新六信上说：“家书第一函已托妥便带沪。第二函（七月廿九）

则以兄使美事已有挫折，故拟俟弟返沪面交。想兄不至责弟之延迟也。”信后又说他也许要来美国，故说：“弟如果行，当将兄致嫂夫人函，连同兄七月廿九日致弟手书托妥友带交嫂夫人（又手表一只），乞勿念。”

今新六已死，不知此诸信及手表已有人检出寄给你否！如尚未收到，可问垚生一声，请他代查。不必问徐家。

手表若未寻得，我将来再买给你。

我的事是这样的。

七月十九我到巴黎，次日即得蒋先生电，劝我做美国大使。廿五在英国又得到政府电。廿七日又到蒋电。我想了七八天，又同林行规先生细谈。他说，我没理由可以辞此事。我也明白这是征兵一样，不能逃的。到廿七日我才发电允任，廿九日写信托新六对你说。

后来此事有阻力，一直搁了六十天，到九月十七日，忽然发表了。政府要我飞去。不知道大西洋上没有飞机。我昨天回到英国。四日之后，九月廿八日就坐船到美国去了。王正廷大使也是九月廿八日离美国，我十月二日到纽约。

我二十一年做自由的人，不做政府的官，何等自由？但现在国家到这地步，调兵调到我，拉夫拉到我，我没有法子逃，所以不能不去做一年半年的大使。

我声明做到战事完结为止，战事一了，我就回来仍旧教我的书。请你放心，我决不留恋做下去。

我这一年，长住旅馆，灯光太高，所以眼睛差了一点．今年六月配了新眼镜。头发两鬓都花白了，中间也有几茎白发了。但身体还算好，一年没有病。这回到美国，事体更要忙，要用全力去做事，身体更不能不当心。请你不要挂念我。

我给新六信上说，我知道冬秀不会愿意到外国来，所以请他替你斟酌决定应住何处。现在他死了，我托慰慈、文伯、铁如替你斟酌

决定。

我到美国后，看看情形，再写信给你。

基金会的钱，请你叫孙先生不要再送了。我想会里预算上定的是名誉秘书的公费，每月一百元。新六代理我的名誉秘书职务，他死了，谁代我，此款应归谁收。编译会的钱，应该请任先生收。

泽涵到上海后，最好不要回家去。家眷若不能出来，他更不应冒险回去。

肺病必须静养，比吃药有效。谭健在昆明，天气于肺病应该有益。法正要听医生的话才好。

陆仲安的儿子死了，我竟不知道。我写一封信，请你带去（他若不在上海，此信不必寄）。如此说来，那天死的十几个人之中，许多是熟人。中国飞机师姓刘，是刘崧牛的四弟。胡笔江我也认识。以后我要多寄明信片给你。

骍　廿七，九，廿四夜半

——《胡适遗稿及秘藏书信》，第21册

亲属篇

一九零七年

致胡近仁

致近仁老叔大人尊前：

半年之中，通问殊少，吾叔或能谅我懒也。日前乃以儿女之私，辱吾叔殷殷垂示，侄非草木，宁不知感激遵命。实以近状如此如此政［致］不获已耳！侄尝为吾叔言，生平有二大恩人，吾母吾兄而已。罔极之思，固不待言。而小人有母，尤非他人泛泛者比。侄乌忍上逆吾母之命而作此忍心之事。总而言之，予不得已也！侄对吾叔不敢打一诳语，叔宜信我耳。近来心中多所思虑，郁郁终年，无日不病。有最近之照片一帧，在吾舅处，可证吾言也。辱示赠周卿诗，第四句甚佳。惜周卿不足当此。吾叔殊未知，周卿实一莽男儿，不学无术者也。近作若干首录呈乞政。今年工课繁重，殊无暇及此。偶有所感，便一为之。六、七月来，得诗不过二十首耳。近来读杜诗，颇用一二分心力。忆得百十首，余无所成，颇用自愧。老叔近读何诗？迩来上海购书稍易，老叔欲得何家诗集者，请以书名见示，当为老叔得之也。此颂

道安

侄事已于家信内详说一切，叔可于家母处索观便知。

侄骍顿首

——颜振吾编：《胡适研究丛录》，三联书店，1989年

致胡近仁

近仁先生大人鉴：

别后于九月初八日始克抵申，明日即重阳矣。七夕尚与足下携手共观巧云，今日何日？乃不能得与足下共赏黄花令节矣！念之能无黯然魂消耶！小诗数章，附函寄呈，待足下评骘甚殷。匠石之斧，断断不可不挥也。今夕即有人返里，匆此布达。即询近境！

族侄骍顿首

英雄得自由，丈夫贵独立。

历尽诸险艰，妙理闲中得。

集随园句奉赠

其一

有叔有叔字近仁，忘年交谊孰堪伦。

香山佳句君知否？同是天涯沦落人。

其二

十年老友三年别，别后相逢互索诗。

含笑高吟含笑读，互拈朱笔互书眉。

其三

怜君潦倒复穷愁，愧我难为借箸谋。

吟到泪随书洒句，那堪相对兴悲秋。

其四

劝君善炼气如虹，莫把穷通怨化工。

错节盘根知利器，勖哉时势造英雄。

其五

十年联交久，何堪际别离！

友师论学业，叔侄叙伦彝。

耿耿维驹意，依依折柳辞。

天涯知己少，怅怅欲何之！

丁未夏，余归自申江，与近仁先生别三年矣。相见依依，不忍言别，而又不能不别。赋此留别，即希教正。

（1907年） 秋八月族侄骍谨识

——沈寂：《胡适早期的书信和诗文》

载《近代史资料》第65期

致胡近仁

近仁先生赐鉴：

前书成，以无便，故未发。今复得诗若干首录下，即求惠我斧削为荷。骍前曾言此后必守“戒诗”之约，今乃自食其言，可愧也！然以别后景况日趋衰飒，故聊借此用自排遣。友人任君赠骍诗，有“雕虫宁素志，歌哭感当时”之语。骍感谢之至于极地，先生闻此，当知我心也。

侄骍白

（1907年，暂系于此。）

——《胡适研究丛录》

致胡近仁

十月九夜，离群索居，俯仰身世，率成右律。此诗和者甚多，先生肯赐和一、二章否？

生今年十六，所事竟何成？苦虑忧如沸，愁颜酒易损。伤心增马齿，起舞感鸡声。努力完大职，荣名非所营。

题秋女士瑾遗影

生前曾卜邻，相去仅咫尺。云何咫尺间，彼此不相识。身后见君影，倭刀光熠爚。秋雨复秋风（秋女士口供止书秋雨秋风愁煞人一句），斯人不可作！

（附言）途中寄怀一诗，本未入流之流，不足记忆。如先生能为我点铁成金，则尤当九叩首以谢。

附诗：挽王汇川

今年岁正始，揽胜到苏州。下榻劳贤主，先驱导远游。凄凉闻噩耗，儿女有遗忧（君有子未周岁，有女未嫁）。何日苏台畔？携尊［樽］奠枚邱！

（1907年）

——《胡适早期的书信和诗文》，

《近代史资料》总第65号

一九零九年

致胡近仁

樨禅老叔赐鉴：

秋风萧瑟，忽得故人书，长跽奉读，乃复满纸作凄怆语，令人尤难为怀。侄前此闻烧灰叔道及老叔现方赴皖考优，侄已知老叔此行必将有后悔。盖优拔一举，为停科举后第一条生路，捷足者、强有力者早已钻营奔走，岂复尚有余润及于公等乎！老叔念此可以释然矣。所嘱之事，自必竭力代谋。今冬侄亦欲回里一行，届时必有消息奉告。明春或能同时来沪亦未可知，老叔但请放心可也。老叔此时不来沪亦好，若来此见侄在此情形，恐老叔又须抛一副眼泪，为侄一哭也。迩来情况无足告语左右者。小诗数章，写成就正，亦令老叔知我迩来感慨也。匆匆奉闻，即祝

旅安

侄适顿首上言九月望日（10月28日）灯下

——《胡适研究丛录》

一九一二年

致胡绍庭

绍庭足下：

久不通音问，甚念！甚念！

祖国风云，一日千里，世界第一大共和国已呱呱堕地矣！去国游子翘企西望，雀跃鼓舞，何能自已耶！

足下与诸同乡现作何事？故乡音问如何？吾皖得孙少侯为都督，可谓得人。弟居此平安，可告慰故人。现官费学生皆有朝不保夕之势。然吾何恤哉！吾恨不能飞归为新国效力耳！

匆匆奉白，即望时有书来，并祝

无恙

弟适顿首

——《胡适研究丛书》

一九一四年

致胡近仁

近仁老叔足下：

得六月十三日手书，喜极。此函之前，曾有一书，收到后已奉答，想曾达览矣。读来书，叙年来景况，令我感喟不已。幸佳儿聪悟，慰情当不少。孩童体弱者不宜过于爱护，宜多令运动，步行最佳，饱受日光空气，胜日食参苓也。此意前函曾略及之，幸留意。

来书谓，拟组织一哀情小说，闻之极欲先睹为快。望先将布局始末及回目见示。来书谓，“自问脑海尚不耐过剧之运动”，此言非。脑力愈用则愈出，不用则钝废如钟表中机械，不用则锈蚀之矣。曾文正曰“精神愈用则愈出”，此言是也。惟须用之有节制耳！

梦学素所未窥，暇日当一研讨之。如有所得，当以奉闻，以为“梦学真诠”之资料。

美、墨并未开战，美兵在墨登岸，占一城，死数十人而已，今已将了结矣，此间并不受影响也。

白特森君是此间商人，业保险。其人极古朴可亲也。其夫人待适真如己子，异乡得此殊不易也。

承规睡少之弊，极是。适平均睡七、八时。去国后，身体尚好，数年未尝入病院一下。

近颇作诗否？有所作，乞寄示一二。近读何书，亦乞见示。

匆匆奉白，即祝

珍摄并请

菊坪夫人秋安

适顿首　七，廿三

——《胡适研究丛录》

致胡近仁

近仁老叔足下：

久不通问询矣。舍间书来，知去冬以《图书集成》一事，重劳足下与禹臣兄查检数日。感谢！感谢！

家母处极困窘之境，犹事事为儿子设想。真令游子感谢无地矣！适今已毕业，且不归来，拟再留两年可得博士学位，然后作归计。适岂不怀归？顾求学之机难得而易失，一旦归去，则须任事养家，无复再有清闲工夫，为读书求学计矣。故此时只得硬起心肠再留二年。适离家七年余矣（适丁未门省一次，庚戌去国），一年之后，归期在丙辰之夏。九年之别，此情不易受也。所可自慰者，堂上尚在中年，岳氏亦无责言。否则，虽能勉强忍心居此，亦难自遣耳！

老叔为桑梓文人魁杰，此责不容旁贷也。适近年以来，为蟹行文字所苦，国学荒落不可问。隅有所感，间作诗词，惟都不能佳。写去冬所作古诗三首，奉寄足下，即乞削正。此三诗皆写此间景物，如足下得暇，乞为家慈诵讲之，则感谢不尽矣！适在外不得暇晷，或犹有辞。足下里居，不宜永弃故人坐令以岑寂死也。

附呈英文信面二个，无论粘在何种信封，皆可寄来。匆匆。

即祝

双安

适白

附诗乞示禹臣兄何如？又及。

——《胡适研究丛录》

致吕贤英

岳母大人侍前：

久疏音问，负歉实深。顷得家慈手训附贤女手书，两书均道及大人病状，远人闻之焦思不已。不审近来已渐次痊可否？念念。

大人病中尚肯令端秀远离膝前往省家慈，以慰家慈倚闾之思，此厚意真令婿感谢不已。

婿在此邦身体平安，学业亦尚惬意，乞大人勿远念。

婿在此尚有一年半之留。归期有日，相见之时不远。每一念之，辄为神飞。

客中纸劣笔秃，草草奉禀，即祝

康健百福　顺问

合宅安好。

子婿胡适拜上　四月廿八日

——《胡适遗稿及秘藏书信》，第21册

一九一六年

致胡近仁

近仁足下：

久不通书甚念。惟每得家书，便见老叔笔迹，相思之怀，因以小慰。正如老叔读吾家书，亦可略知适近年以来之景况也。近来作博士论文草稿，日日为之，颇不得暇，故亦不能作书与老叔细谈。近来颇作诗否？昨在友人处借得《小说月报》观之，深嫌其无一篇可看之文章，甚叹李伯元、吴趼人死后小说界之萧条也！

适近已不作文言之诗词。偶欲作诗，每以白话为之，但以自娱，不求世人同好之也。今写二首呈政，以博故人一笑而已。

孔　丘

知其不可而为之，亦不知老之将至；
认得这个真孔丘，一部论语都可废。

朋　友

两个黄蝴蝶，双双飞上天。
不知为什么，一个忽飞还。
剩下那一个，孤单怪可怜。
也无心上天，天上太孤单。

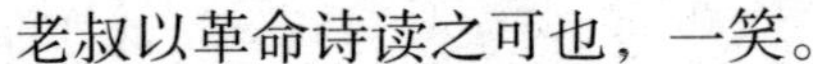

老叔以革命诗读之可也，一笑。

适　九月四日

——《胡适研究丛录》

致江耘圃

耘圃姻兄惠览：

今日按足下奇家慈一书，敬悉一切。适此次归来仅有二三十日之勾留。行色太匆匆，决无办婚事之余暇。故未归国时即有书嘱家慈致意尊府，言明今夏不迎娶之意。适到上海时，又有一书申明此意。家慈彼时即有书到尊府，并将适来书附呈省览。其时想足下已出外，故不知此情。适到芜湖时，曾以此意告知令叔子隽先生。今来书乃云至昨日闻七都定达姑婆言始知此意，此诚为适所不能了解者矣。

来书言欲今舍间择定迎娶日期即日相告。此固属姻兄骨肉之情不得已之苦衷，适岂不知。然适此次出外，因国事纷扰，一切事多未能预定，但可决定冬秀来家完婚，惟不能预定吉期。出外后一月内定可决定归期。决定之后，当尽先飞函相告。适素不信拣日子之事，正不须请算命先生择吉日，但求两家均无不便之日足矣。

来书所云，适仅能如此答复。伏乞足下以此意告知令妹为荷。

适此次出外，所以如此忙迫者，因已受北京大学之聘，廿四日即开课，故不得不于廿四日之前到北京也。

此次所以欲接令妹来舍间者，正以结婚之前甚欲先与令妹一见。后闻令妹有恙，即欲亲来尊府一行。到家之后即作书寄尊府致意。适其时姻兄与令叔皆不在家，故十余日不得回信。及适廿九日归来始

知尊府有口信来。寄信之人所言殊不甚了了。故家慈商清定达姑婆亲来尊府，一则探问令妹病状，二则因族中有纷争之事，适一时不得离家，故请姑婆商之尊府，若令妹病体已痊，可请其来舍间一见。今令妹既不能来，又幸姻兄已归里，故适拟于初七日亲来江村，既可与姻兄面商一切，又可一见令妹。伏乞姻兄以此意告知令妹为盼。相见有期，匆匆不尽所欲云。即祝暑佳并问尊府诸亲长安好。

姻弟胡适白　初四日（8月21日）

——《胡适遗稿及秘藏书信》，第21册

一九一八年

致胡近仁

前得手书，极所感谢。所云一切，皆极中肯要。我生平最爱率真，若于吾母前尚须饰伪，则人道苦矣。前得第五号书，言母病状，吾实不料病是真情。吾初疑此必系家庭中如家秠嫂一方面有为难之处，而家母不愿明言之，故以病为言（此节既非书实，望勿为他人言之）。盖家信从未言吾母病发，又时冬秀方在江村未即召回，故不疑吾母真发病甚“沉重”也。吾之作书询问足下，正以此故。若真知为病，决不复询问足下矣！

今吾母既决令冬秀来，固是好事，惟自得足下书后，极忧冬秀出外后家中无人照应。吾母又极耐苦痛，平常不肯言病。此亦不是细事，真令我左右做人难矣。吾之就此婚事，全为吾母起见，故从不曾挑剔为难（若不为此，吾决不就此婚。此意但可为足下道，不足为外人言也）。今既婚矣，吾力求迁就，以博吾母欢心。吾之所以极力表示闺房之爱者，亦正欲令吾母欢喜耳。岂意反此以令堂上介意乎！

吾之欲令冬秀早来，其原因已详说于家书中，想已见之，此亦补救之一法。不然，吾十余年独居，岂不能耐此几个月之岑寂耶？此事已成往迹，足下阅此书后，乞拉烧之，亦望勿为外人道。切盼！切盼！

来书言革新事业，已有头绪，闻之甚喜。革新后，里中万不可居。能来京一行，最佳。此间固不易图事，然适处尽可下榻。即不能谋生计，亦可助适著书，亦不致糊不出一人之生活也。无论如何，总比在里中好些，足下以为何如？

冬秀出来时，请足下至吾家将一部《龙川集》一部《王文成全

集》检出令彼带来。匆匆

即祝

进德勇猛

适上　五月二日

——《胡适家书手稿》

一九二零年

致胡近仁

老近：

谢谢你的信。

我的病好些了。

龟甲文字的研究，要算罗振玉先生为第一，故我把他的一本《殷商贞（占）卜文字考》另挂号寄给你，省得我写长信了。

文字学须从字音一方面入手，此乃清儒的一大贡献；且前那些从“形”下手的人（如王荆公）大半都是荒谬。自从清代学者注重音声假借、声类通转以后，始有“科学的文字学”可言。章太炎的《国故论衡》七卷最宜先看，然后看他的《文始》。若有顾炎武、江永、戴震、段玉裁、孔广森、钱大昕诸人之书，亦可参看（沈兼士之说没有什么意思）。

石鹤舫的诗词我都有了，请不必抄寄。新近又向曹尚友先生处借得一部刻本。你的传何时可成？渴望渴望。做传时，请处处注明材料的来源，但求确实，不务繁多。绩溪做传的人，只有胡培系所作诸传是真有价值的。胡培翚作的次之。程秉钊先生的著作，不知邑中尚可搜求否？乞为留意之。此事比修志更重大。

你的诗——《尝试》——犯了一个大病，就是抽象的议论太多。你曾见我的一篇谈新诗吗？可惜我病中不能细谈诗。

我的女儿名素菲，身体还好。

你们修县志，修的怎么样了？

适　九　十一，六

——《胡适研究丛录》

一九二一年

致胡近仁

近仁：

你的《石鹤航传》，我收到已久，因病中不敢作详书，故迟迟未复。今天又得你十，一，五日的信，我不好不先答一封短信。

此传甚好，深合作传体裁。末一段“唉，文人多穷……”以下，略嫌浅俗，故我代删去。余如“总而言之，鹤舫实是一个感情浓厚的人啦！”“啦”字即“了”字（京津人语），用在此处，不妥，故代删去，而改“实”为“大概”，又删“总而言之”四字。此皆小节。较大者为传中说他病重时还亲自整理诗词，交给齐章付印。此当是根据齐序。但我细校齐刻本，觉得其中诗词皆非定本，篇数之去取，字句之异同，都远不如先父手抄本之精当，次序亦绝不同（钞本岭北有数本，闻皆同先父本而不同刻本）。此中似有研究之余地。在我看来，齐序所说，甚不可信。便中我当再作一校勘记寄给你一看。

省志如在上庄，请你为我一查，姚际恒（休宁人）的著作及事迹可有查处？他若《庸言录》一书，在四库《存目》里。还有《九经通论》一书，各家书目皆未著录，请代一检，何如？

我的《国语文法》，并未成书。将来大概总有的，但并无“在印刷中”之说。

《哲学史》中、下卷大概夏间可成。

我又病了，现在还不能上课。但此时将愈，请勿念。

《绩溪小丛书》我搜得不少种了，但须等到我余钱时始能陆续付印。此决非短时期中事，但收罗遗著仍不可不努力进行。现在我随时

作一“绩溪著作存佚考”，于城中诸胡，略有眉目了。

祝你健康

适　十，一，十八

——《创造研究丛录》

一九二三年

致胡思聪

思聪：

你这几天去看过黄医生吗？他怎么说？他的药有效吗？此等病不妨多试些时。黄先生颇有尝试的态度，不妨让他多试试。二哥有信来吗？

现北京政局大不安宁，昨天京城警察竟不站岗。似此情形，我们一时也不能回去了。所以我想在西湖多住几天。你若得医生允许，可以来西湖玩几天。来时在“城站”下车，雇车到“新新旅馆”，车钱可由帐房去付。你到此可问廿四号房。旅费不敷，可问亚东借，不必多带钱。来时可把我的药方各带一瓶来。检药稍缓不妨，但你若不来，可给我一信。

适　（十二，六，十）

寄上两方，其余一个治肺的方，一时检不出，可请黄先生补一个。（华英药房号码是S6557）

请问希吕，如单本《镜花缘序》已印成，可带十本来。

——《胡适研究丛录》

一九二四年

致胡近仁

近仁叔：

前不多时，曾寄一信，谈宗武事，想已达览了。

二月二十二日手书已收到。

福保的问题，我以为可先进二师。现在真没有好中学堂！那里不是你说的“机械教育”，二师的危险是很明白的，所以不足怕。易卜生的儿子少时，易卜生送他到俄国去留学。人问：“你是爱自由的人，为什么不送他到美国去？”易卜生说：“美国人得着了自由，故不知道自由的真价值。俄国人没有自由，故反能认识自由的意义。”二师虽专制，却是制造革命党的好地方，胡子承不但替胡适之造了许多信徒，还替陈独秀造了无数党员！（但这个消息，你千万不可让子承先生知道！！）福保不妨先去二师，等到他被子承先生开除出来时，他已是自由的忠心的信徒了。

如果将来福保的经济有不足时，我定可以帮助你一点。

福保的白话诗，都通顺了，“月”一首最好。做诗先要文理通顺，将来总有进步。

绩溪一班少年诗人，无论如何，且还当得起一个“通”字。大概将来绩溪要出不少的诗人！我记得你曾集山谷句送我，中有一句是“少年有功翰墨林”。但将来的少年如果都去学胡适之做白话诗，那么，我也许遗害他们不浅，将来我也许得着“少年流毒翰墨林”的墓铭呢！

素菲又大病，恐不易好了。余都平安。

适　十三，六，四

——《胡适研究丛录》

一九二七年

致胡近仁

近叔：

校事得你主持，再好没有了。我今年底也许能回来走一趟，但行期还没有定。

秠嫂说曾代为相定一地，在曹家湾。此地须请你费神一看，如干爽可作坟，便可决定买下。

近年选词一册，日内出版，附呈一册，请你指正。学校同人乞代致意。

适之　十六，十一，廿五

——《胡适研究丛录》

一九二八年

致胡近仁

近仁叔：

前不多时，学校各位同人在我家中会议，对于来书所提各节，均讨论过。大致如下：

1. 本年先汇一百元。

2. 十六年份捐款照旧收齐。

3. 祥善、吉卿、衡卿、在斋、绍之五人均应在学校内立一种永久纪念。（一）校内悬挂他们的照相。（二）请近仁就近征集各人事略，为作小传，用青石刻小碑，嵌入学校墙上。

关于3. 项，鄙意拟定一普通格式，略如下方：

□□（谱名），字□□，生于□□□□□年，死于□□□□年，曾任本校□□，自□□年至□□年，服劳甚勤，本校为立此碑，以垂久远。

中华民国□□年□月　立

4. 本校历年捐款，除造清册报告外，应在校内立碑。

碑文用楷书，字不必大。如此措词，可省许多主观的褒词，可免许多口舌。老叔以为何如？

关于课程一事，我年内不能赶回来，请你斟酌办理。老叔不可不任教课，薪俸请照聘请教员常例，不必客气。其现存教员，请你酌量去留。石家有石原皋，北大学生，现在家中，似可与商量，请他暂任

一点工课，课程也可与商酌。他的成绩还好，人也极忠厚。

剑奴处，我们未有信去。如校中不需人，可不必去函，如实需人，请你直接去函。

匆匆即祝

府上新年大吉。

适上　十七，一，五

——《胡适研究丛录》

致胡近仁

近仁老叔：

你的信已收到了。你太客气了！其实我原信的意思是请你援照聘请教员最高年薪之例。你既不肯自定，现由我定为年薪贰百四十元，自十七年一月起算。上海同人，由我去通知了，一切费神，十分感谢。

适敬上　十七年二月十二日

——《胡适研究丛录》

致胡近仁

近仁老叔：

上次失迎，真正对不住！

我五月一日一定在家，你可以来吃中饭吗？或饭后来也可。

福宝的病现在怎么样？我虽敬爱王仲奇先生，但我以为此病终宜请西医诊看。所住的地方亦须注意，如在煤烟重而空气不佳的地方住，不如带了方子回家乡去吸新鲜空气也。

适之　四月廿九日

——《胡适家书手稿》

致胡近仁

近仁老叔：

你昨天说起要进广慈医院去戒烟，我听了十分高兴。希望此事能成功。鸦片之害确可以破家灭族，此不待远求例证，即看本族大分二分的许多人家，便可明白。即如尊府，如我家，都是明例。你是一族之才士，一乡之领袖，岂可终于暴弃自己，沉迷不返？

你现在身遭惨痛，正是一个人生转头反省的时候，若任此深刻的惨痛轻轻过去，不能使他在行为上、人格上，发生一点良好影响，岂不辜负了这一个惨痛的境地？

人生如梦，过去甚快，等闲白了少年的头，糊涂断送了一个可以有为之身，乃是最深重的罪孽也！王荆公诗云：

知世如梦无所求，
无所求心普空寂。
还似梦中随梦境，
成就河沙梦功德。

知世如梦，却要在梦里随时随地做下恒河沙的梦功德，此真有得于佛教之言。若糊糊涂涂过去，世间有我不加多，无我不减少，这才是睁开眼睛做梦，上无以对先人，中无以对自己的大才，下无以对子女也。

我们三十多年的老朋友，什么话不可以说？到今日才说，已是过迟，罪已不轻。若今日仍不说，那才是死罪了。

千万望怂恿同志早日入院戒烟。若无人同去，可移来吾家，我请医生来给你戒烟，冬秀一定能服侍你。

适之　十七，七，廿四

——《胡适研究丛录》

一九二九年

致胡近仁

近仁老叔：

前得手书，具悉一切。学校事有小不如意，此固是意中的事，千万请勿灰心。

家乡日即衰落，救济之道只在兴实业与教育两途。而实业需要资本，非吾辈无能为力，故只有教育一途尚可为。此时姑且尽人事而已，我们亦不必存大奢望。不存大奢望，则失望亦不大，此乐观主义的唯一根据也。

舍间坟前新塝，闻汝昌说此块地无税。此事可否请观兴公一查，将税拨清，以免将来有纠葛。

税拨清后，即可动工作塝。款已交汝昌带一部分来，但汝昌甚忙，恐不能多顾及此事。可否请赞祖兄代为照料工事？如有工事纠纷等情，请他同老叔代为作主决断。此事能早日作完最好。我们此时不能分人回家，十分歉然。故须劳顿你们两位，千万请原谅。

祝府上都好。

适之　十八，四，一

——《胡适家书手稿》

致胡近仁

近叔：

特刊和手示都收到了。

“博士茶”一事，殊欠斟酌。你知道我是最不爱出风头的，此种举动，不知者必说我与闻其事，借此替自己登广告，此一不可也。仿单中说胡某人昔年服此茶，“沉疴遂日痊愈”，这更是欺骗人的话，此又一不可也。

“博士茶”非不可称，但请勿用我的名字作广告或仿单。无论如何，这张仿单必不可用。其中措词实甚俗气、小气，将来此纸必为人诟病，而我亦蒙其累。等到那时候我出来否认，更于裕新不利了。

“博士”何尝是“人类最上流之名称”？不见“茶博士”、“酒博士”吗？至于说“凡崇拜胡博士欲树帜于文学界者，当自先饮酒博士茶为始”，此是最陋俗的话，千万不可发出去。向来嘲笑不通的人，往往说“何不喝一斗墨水”？此与喝博士茶有何分别？

广告之学，近来大有进步。当细心研究大公司大书店之广告，自知近世商业中不可借此等俗气方法取胜利。如“博士茶”之广告，乃可说文人学者多嗜饮茶，可助立思，已够了。

老实陈词，千万勿罪。

适之　十八，十，二十七

——《胡适家书手稿》

一九三零年

致胡近仁

近叔：

见着莘麓，知道你已到了家中，并且身体见好多了，我们都很高兴。千万多住山中，多晒太阳，此是妙方，可不费一文，而功效极大。

此问

双安

适之　十九，三，四

冬秀问好

——《胡适家书手稿》

致胡近仁

近叔：

谢谢你的信。我们都很高兴，只希望你能继续休养，先把身体养好了，再作别事。

莘麓现仍回里。鄙意似可请他到育英去教书，总比家内一班旧人好点。尊意如何，乞酌夺。

此祝

府上都好。

适之　十九，三，廿六

——《胡适研究丛录》

致胡近仁

近叔：

前托焕文信客带上药一箱，不知收到否？如已收到分送，乞赐一信。如未收到，乞向信客询问收取，免日久霉烂。

里中设图书馆事，不必大规模去做，只须有一所勉强可用之屋，一间储藏，一间阅览，有几十个书柜或书架，有几千部书，便可成立。若侈谈几千元，几千元，则此事必无望了。

匆匆问好！

适之　十九，七，十一

——《胡适研究丛录》

一九三二年

致胡近仁

近仁叔：

前得手书，嘱为思恭堂题序。我虽久居上海，对于会馆的事实不接头，所以不能应命，乞恕之。

今日又得手书，知石原皋兄所带去的药物都已收到。百效膏每年旧历四月二十八日方有出售，故赶不及交石头带去。痧药水是须在上海买的，此间不便购买。

老叔近况如何？匆匆问

双安

适之　冬秀

廿一，六，廿三夜

——《胡适研究丛录》

一九三三年

致胡近仁

近人老叔：

去国之前，接到手书，匆匆未得奉复的机会；把信带到路上去，也没工夫写信。真对不住你了。所问二事，大略奉答如下：

（一）关于县志体裁，我因为有些意见一时决无法实行，所以不愿高谈空论。今略举一二点：

1. 地图必须用新式测量，决不可用老式地图；应有地质地图，与地势高下图。此似无法行的。但应与省志局商量，如省志局有分县新图，总比旧法地图为佳；如他们有测量专员，县志局亦可略加补助，请他来测量。上海中央研究院地质研究所叶良辅先生曾调查安徽地质，县志局亦可请教他。

2. 县志应注重邑人移徙经商的分布与历史。县志不可但见小绩溪，而不看见那更重要的“大绩溪”。若无那“大绩溪”，小绩溪早已饿死，早已不成个局面。新志应列“大绩溪”一门，由各都画出路线，可看各都移殖方向及其经营之种类，如金华兰溪为一路，孝丰湖州为一路，杭州为一路，上海为一路，自绩至长江一带为一路……其间各都虽不各走一路，然亦有偏重。如面馆业虽起于吾村，而后来成为十五都一带的专业；如汉口虽由吾族开辟，而后来亦不限于北乡。然通州自是仁里程家所创，他乡无之；“横港”一带亦以岭南人为独多。

3. 有一事必不可不奉告的；县志必须带到上海排印，千万不可刻木板。

我藏的《万历志》、《康熙续志》、《乾隆志》，当托便人带到城里交诸公参考。《嘉庆志》似可不必奉寄了。

将来若有余资，似可将此四部志与罗氏《新安志》中绩溪的部分，合并付排印，托亚东办理此事，作为新志的附录。可惜《正德志》无法寻觅了。

（二）先人传状，久想做一篇，但若作新式传，则甚不易下手。若作短传，当试为之。先人自作年谱记至四十一岁止，其后有日记二十万字，尚未核好。其中甚多可贵的资料。

诗只有一册，文集尚未编定，约有十卷。

先人全稿已抄有副本，未及校勘标点。连年忙碌，无力了此心愿，甚愧甚愧。

我收集的绩溪人著述，并不很多，便中当开单奉呈供诸公参考。

匆匆敬问

安好

适之　廿二，十一，十五

——《胡适研究丛录》